CHUANTONG CHANYE
ZHUANXING FAZHAN
WENTI YANJIU

QIYE MOSHI YU CELUE ZHUANXING

传统产业
转型发展问题研究

企业模式与策略转型

彭绍仲　著

图书在版编目(CIP)数据

传统产业转型发展问题研究：企业模式与策略转型 / 彭绍仲著. -- 北京：企业管理出版社，2023.11

ISBN 978-7-5164-2672-2

Ⅰ. ①传… Ⅱ. ①彭… Ⅲ. ①工业企业—工业结构调整—研究—中国 Ⅳ. ① F421

中国版本图书馆 CIP 数据核字(2022)第 139092 号

书　　名：传统产业转型发展问题研究：企业模式与策略转型
书　　号：ISBN 978-7-5164-2672-2
作　　者：彭绍仲
选题策划：周灵均
责任编辑：韩天放　陈　静　尤　颖
出版发行：企业管理出版社
经　　销：新华书店
地　　址：北京市海淀区紫竹院南路 17 号　　邮　　编：100048
网　　址：http://www.emph.cn　　电子信箱：2508978735@qq.com
电　　话：编辑部(010)68456991　　发行部(010)68701816
印　　刷：北京联兴盛业印刷股份有限公司
版　　次：2023 年 11 月第 1 版
印　　次：2023 年 11 月第 1 次印刷
开　　本：710mm × 1000mm　1/16
印　　张：16
字　　数：230 千字
定　　价：89.00 元

序

传统制造业是一个国家经济实力的重要体现，是实现整体工业化和现代化发展的基础和保障。把握传统制造业全球价值链重构与国际分工格局大调整的历史机遇，推动传统制造业高质量发展，是稳增长、稳就业的重要途径。重塑传统制造业竞争新优势成为当前推动我国制造业实现高质量发展的重要内容。

近年来，随着人工成本的不断上升、欧美国家信贷消费和市场需求下滑、高端制造业回流以及东南亚等人力低成本国家轻工业的崛起，我国传统产业面临的形势异常严峻，尤其是现阶段企业策略转型存在许多问题，具体体现在以下两个方面：一是缺乏战略思维。很多企业在转型升级发展中只是"随大溜"，并没有充分认识到策略定位的重要性，仅着眼于对地方资源的即时利用目的或短期出现的市场需求进行短期决策，缺乏长期目标。还有一些企业领导认为，环境或市场变化太快，制定战略没有意义。二是战略思想趋同化严重。在我国企业发展中一个常见的问题是，当一个有效的企业运转模式和策略选择取得显著成效时，其他同行业或者不同行业的企业便不顾自身实际情况生搬硬套，直接将其用于自身企业发展中。这些企业在进行策略选择上乐于走捷径，缺少独立分析能力，盲目模仿成功企业的战略模式或短期策略，使得企业发展模式趋同、产品结构及生命周期也趋于同质化。

《传统产业转型发展问题研究：企业模式与策略转型》内容聚焦传统产业企业模式与策略转型，从微观角度探索传统产业转型发展，这对传统制造业实现稳增长、稳就业及高质量发展具有重要的现实意义和参考价值。本书从"轻""重"资产模式、全程产销链、产业增长潜力的决定因素、企业策略选择等多重维度（视角）探究中国工业企业结构转型与策略选择的路径和决定因素，从而在更大范围、更具体的环节上解释了经济现象。此外，还提出了促进中国工业企业结构转型与优化策略选择的有效对策。本书的研究方法和主要结论在国内而言具有一定的原创性，无论是对政府的产业政策调整还是企业的发展策略确定，积极探索传统制造业高质量发展的思路与路径（策略与方法）具有很强的现实意义和突出的社会价值。

中国社会科学院工业经济研究所所长、研究员 **史　丹**
博士生导师

2022 年 11 月

引 言

关于轻资产模式，简单而言，就是聚焦核心关键业务，其他业务尽可能地外包。

轻资产模式具有突出的优势，主要体现在以下几个方面。

一是轻资产模式的企业不需要一体化投资，投资一两个关键环节，其他资源面向市场为我所用即可。实质上，这就突破了现代公司产权的局限，但同样能保证对整个链条的控制（因为链条内部能形成正反馈的相互作用关系）。

二是轻资产模式企业内部的管理层级少、成本易控、效率高（核心企业仅需要协调与管理一级供应商即可，其他协调与管理由一级、二级供应商完成）；实现了组织结构的动态最优化（链条纵向最优化的结构是尽可能多地一体化外包分工，链条横向最优化的结构是市场份额、规模尽可能做多，尽可能做大），组织结构优化的空间很大，纵、横结构均能够不断地优化。这样，一方面管理成本低，另一方面链条横向规模的扩张空间很大，较好地解决了信息和管理成本随规模扩张而快速增长的难题。

三是轻资产模式的核心企业盈利空间相对稳定（通过均衡求解，核心企业与供应商的均衡价格接近供应商的边际成本；核心企业与零售商的均衡价格随行就市，可讨价还价，由市场定价），合约采购的零部件成本低；而出手的最终产品定价高，盈利分配多。

四是轻资产模式的核心企业市场应变能力强（核心企业对应的各级供应商，包括一级、二级和三级供应商，又区分为核心、次外围、外围、发展中外围四个类别的供应商）；当需求下降时，减少外围、次外围供应商供货订单即可；当需求上升时，增加订单即可。

一句话概括轻资产模式，即可以降低企业资本投入，特别是生产领域内大量固定资产投入，同时可以提高企业的市场应变能力和资本回报率。

在消费需求集中化、标准化且聚焦于中、低档质量水平以及大规模生产体制的情况下，重资产模式的市场竞争优势也许是明显的，但在消费需求多样化、个性化、定制化、高端化的情况下，重资产模式的局限性、负面效应就越来越明显。

因此，重资产模式向轻资产模式转型是重要战略选项。

本书以轻资产模式为研究对象，以实际案例分析轻资产模式的相关问题，包括轻资产模式的结构特征、运行过程以及策略、方法等，以期为中国工业创新发展和传统产业转型升级提供一些有价值的参考。

彭绍仲

2022 年 11 月

目　录

第一章　传统产业转型发展问题研究——以轻工业数字化转型为例

第二章 企业“轻资产”模式
——非关键环节外部性成长

第三章 适度"重资产"模式
——较多链条环节的"内涵式"增长

第四章 “内涵式”做大，还是“外延式”做大？根据何在？如何选择、调整与取舍

第五章 “内涵”增长的产业技术经济基础、转型路径与行业“外延”增长空间

第六章　政府产业政策措施与企业策略选择的有效性

第七章 产业融合发展

第八章 我国供应链的现状、结构及发展前景分析

第一章

传统产业转型发展问题研究——以轻工业数字化转型为例

轻工业是改善和提高人民生活水平、繁荣市场、增加出口、扩大就业、服务“三农”的重要产业，是受生活需求直接驱动并间接驱动重化工业的先导行业。在人力、土地、技术等资源环境约束越来越强，用工规模和成本持续上升以及消费需求个性化定制要求的情况下，轻工业“高投入、低产出”的粗放生产方式以及标准化、大规模产品生产模式的负反馈效应越来越突出，迫切需要做出根本性的改变。数字化转型对轻工业的带动性、扩散性和全局性变革极为显著（资源利用、要素配置更高效率，生产制造更精细，供需匹配更精准，专业分工更深化），也对轻工业的创新活动产生了重大影响，引发并驱动创新工具、要素、流动机制和方式的大变革。轻工业虽然是劳动密集型传统产业，但轻工业数字化发展日新月异，成为我国数字化转型最具活力和发展成效的行业之一。一是一批骨干企业智能制造成果丰硕，二是一批先进信息技术得到了有效应用，三是一批信息化赋能平台贡献突出，四是一批数字化重点园区快速成长。自2021年以来，轻工业数字化转型步入深化应用、变革创新，研发、生产、销售、服务“四位一体”，全方位打造智慧轻工的快车道，生产方式、产品创新和企业形态发生根本性变革；但是，我国轻工业还主要是劳动密集型产业（中小微企业占绝大部分），数字化转型所需的基本条件和支撑环境（工艺技术、设备和管理基础）较为薄弱。企业在数字化转型过程中也遇到了很多问题和困难：一是认识有余而行动不足；二是设备和工艺过程的自动化、数字化是一道难关；三是单项应用较多，在综合集成应用方面有待提高。因此，要推动轻工业由大变强，就要加快设备和工艺过程的自动化、数字化进程，坚定地实施数字化创新引领策略，加快质量提升和品牌建设以及配套改革和政策创新，形成企业愿意创新、有能力创新、关键核心技术有所突破的新局面。

第一节 轻工业发展现状

20 世纪 90 年代，以美国提出“信息高速公路”建设计划为重要标志，发达国家在完成工业化后开始推进信息化，迈向信息社会（信息技术不断创新，信息网络广泛普及，信息化成为经济社会发展的显著特征）。进入 21 世纪，信息化对经济社会发展的影响更加深刻，逐步向一场全方位的社会变革演进（信息资源日益成为重要的生产要素、无形资产和社会财富）。党中央、国务院一直高度重视信息化工作。20 世纪 90 年代，相继启动了以“金关”“金卡”“金税”为代表的重大信息化应用工程。1997 年，召开了全国信息化工作会议；党的十五届五中全会确立了“以信息化带动工业化”的国家发展战略；党的十六大报告明确指出，“以信息化带动工业化，以工业化促进信息化”；党的十七大提出“大力推进信息化与工业化融合”；党的十七届五中全会、十八大进一步明确“推动信息化和工业化深度融合”；进入新世纪以后，我国对“两化融合”的认识越来越深化，政策措施的制定和实施力度越来越大。总之，我国依靠自己的力量走出了一条“两化融合”的具有中国特色的新型工业化道路，促进并实现了工业由大到强的追赶战略。近年来，我国消费互联网发展较快，规模全球领先，随着互联网从消费领域向工业领域的快速渗透，我国轻工业成为数字化转型最具活力和发展成效的行业之一，数字经济发展速度之快、辐射范围之广、影响程度之深前所未有。

2017—2021 年轻工业在全国各工业行业中表现较好，实现了较快的增长（营业收入、利润总额、出口额均实现了较快增长），提供了大量就业岗位。

一、规模总量上新台阶

2017—2021 年轻工业规模以上企业实现主营业务收入（总产值）年均增长 6.5%。其中，2021 年轻工业规模以上企业实现主营业务收入 22.4 万亿元，占全国工业总量的 18.0%，如表 1–1 所示。

表 1–1　2017—2021 年轻工业规模以上企业主营业务收入增长

年份	2017年	2018年	2019年	2020年	2021年
总产值/主营业务收入（万亿元）	18. 17	19. 26	19. 8	19. 5	22. 4
同比增长（%）	5. 18	6. 4	8. 34	–1. 7	14. 4

资料来源：国家统计局快报数据。

二、利税总额实现较快增长

2017—2021 年轻工业规模以上企业实现利润总额年均增长 6.8% 左右。其中，2021 年轻工业规模以上企业实现利润总额 1.4 万亿元，如表 1–2 所示。

表 1–2　2017—2021 年轻工业规模以上企业利润总额增长

年份	2017年	2018年	2019年	2020年	2021年
实现利润总额（万亿元）	1. 13	1. 24	1. 29	1. 3	1. 4
同比增长（%）	6. 43	7. 6	8. 96	3. 6	7. 4

资料来源：国家统计局快报数据。

三、出口保持稳定增长

2017—2021 年轻工业规模以上企业完成出口交货值保持年均 6.5% 的稳定增长。其中，2021 年完成出口交货值 2.9 万亿元，占全国出口总量的 27.3%，在国民经济各行业中居于首位。2017—2019 年轻工业出口额增长，如表 1–3 所示。

表 1–3　2017—2019 年轻工业出口额增长

年份	2017年	2018年	2019年
出口额或出口交货值（亿美元）	6072. 8	6406. 8	6752. 8
同比增长（%）	12. 15	5. 5	5. 4

资料来源：国家统计局快报数据。

四、提供了大量就业岗位

多年来轻工业全行业吸纳就业人数均在 3000 万人以上，其中，产业集群就业人数达到1000多万人，众多中小企业为农民工和城市基层劳动人员提供了大量就业岗位。

第二节　数字化驱动轻工业转型发展

在人力、土地、技术等资源环境约束越来越强，用工规模和成本持续上升以及消费需求个性化定制要求（大众化的市场被打碎，需求高度细分）的情况下，轻工业"高投入、低产出"的粗放生产方式以及标准化、大规模产品生产模式的负反馈效应越来越突出（难以持续），迫切需要做出根本性的改变。数字化转型（全方位、多层次的数字化转型，特别是工业互联网、工业大数据、工业云、人工智能等新一代信息网络技术的全方位渗透）对轻工业的带动性、扩散性极为显著，深刻地改变着轻工业原有的生产方式、组织方式、产品模式、产业链分布和总体竞争格局（资源利用、要素配置更高效率，生产制造更精细，供需匹配更精准，专业分工更深化），也对轻工业的创新活动产生了重大影响，引发并驱动创新要素、工具、流动机制和方式的大变革，由传统的资源（高消耗）、人力（高投入）驱动转向资源节约、环境友好、消费与生产良性互动的可持续的发展轨道。

一、数字化驱动轻工业提高资源、能源利用效率，降低企业用工成本

我国轻工业单位能耗、水耗一直居高不下，部分产品单位能耗、水耗甚

至超过发达国家一倍，且很多行业仍处于离散性（流程）机械化、半自动化生产阶段。离散性、复杂工艺的多段流程很难做到工艺过程的连续化、标准化。一是很多行业产品链长，工艺复杂，层层加工制造及物流配送（机器和设备只能完成部分工作），各个环节及大量的剩余工作均依赖于手工劳动（有经验的产业工人），作业强度高，用工多。二是企业生产管理也严重依赖人力，无法实现生产管理过程的自动化、智能化，设备状态、工艺过程、零部件加工品质可视性差，数据采集和汇总的实时性差，缺乏对数据的综合分析和统一管理，因而很多环节和方面只能依赖人力的弥补来完成。三是高库存（这是制约轻工业发展的积弊）。我国轻工企业的制造是企业基于对某一产品市场需求的预判和假设来实现的（生产、供应、销售均不能准确预测并匹配需求，任何一款产品都无法预测能卖出多少），在耗费大量原材料、能源及产业工人的劳动之后，一旦产品销售不能达到预期，就会造成库存积压（且往往是无论怎么降价也卖不出去）。总之，多方面因素累积起来的综合结果，我国轻工企业不仅用工多，生产效率低，且显性或隐性地造成了很多物料、设备工时和人力劳动的浪费（单位能耗、水耗居高不下）。

我国轻工企业面临资源环境约束越来越强、用工规模和成本持续上升、粗放生产方式的负反馈效应越来越突出（难以持续）的困境。通过数字化转型能从根本上解决这一难题：一是数字化转型可以通过产品轻量化和合理化设计，以及利用智能化节能减排工艺、设备替换落后产能，来减少原材料消耗，进而减少制造上的资源浪费，提高资源利用效率。二是数字技术与生产管理过程的交互、融合与一体化（通过传感器、数据监测仪等手段），通过实现生产流程和过程管理的自动化、智能化来减少用工，降低资源消耗和生产成本，提高效率和产品质量（降低产品不良品率，减少因质量问题造成的经济损失）。三是通过机器换人(包括一线的操作劳动及部分管理工作)来缓解劳动力依赖、短缺和成本上升的问题（目前，在员工薪资持续上升的情况下，工业机器人价格在持续下降，预计这种趋势仍将继续，机器换人的动力越来越强）。四是互联网、大数据等数字技术的应用（基于互联网大数据搜索、分析）能很好地解决企业与消费者之间的信息不对称问题，准确预测并匹配需求，这样不仅可以降低企业的搜索成本、运输成本、交易成本、产品库存，还可以以用户为中心创造新的用户需求。

近年来，轻工业认真落实党中央要求，主动应用信息技术推动行业数字化转型。以“智慧轻工”建设为重要抓手，聚焦研发设计、机器换人的设备智能化改造以及生产流程和过程管理的自动化、智能化，积极推动工业互联网、云计算、大数据在轻工领域的综合基础应用，特别是在食品、家用电器、皮革、家具等行业推进数字化车间、智能工厂的集成创新与应用示范，取得显著成效，一批“两化融合”贯标企业和智能制造示范企业引领行业向高质量发展。2021 年轻工行业数字化研发设计工具普及率、工业电子商务普及率分别达到 76.9%、69.0%，高出全国平均水平 2.2、3.4 个百分点。

一是一大批轻工企业应用物联网、大数据、云计算、区块链、人工智能等先进数字技术，家用电器、造纸、皮革、食品装备等行业通过工业仿真和数字孪生设计、生产了大量信息化水平较高的优质创新、智能产品。如智能电饭煲、智能马桶盖等新型智能产品不断涌现，不仅较好地满足了国内市场需求，还大量出口国际市场。目前家用电器、家居产品智能化已成为行业发展的主流趋势。

二是一批骨干企业实现生产流程和过程管理的自动化、智能化。海尔集团、美的电器、格力电器、娃哈哈集团、伊利集团、蒙牛集团、双汇集团、泸州老窖集团、美克集团等一大批行业骨干企业积极应用信息化技术，建成数字车间、智能工厂（已建成无人工厂近 20 家），极大地提高了生产效率和制造水平，为行业数字化转型树立了标杆。同时，中小企业也根据自身实际情况积极行动（“智慧轻工”建设广泛落地），一方面夯实智能化发展基础（“生产数

据采集 + 智能化装备”，实现数据连接和管理），另一方面强化信息化软件和系统建设，完成精益分析优化生产、降本增效，提升产品制造的数字化水平，以“ERP+MES+WMS”，即“企业资源规划系统 + 智能化生产管理系统 + 智能化仓储管理系统”为标准配置的企业管理信息化集成系统在越来越多的智能工厂项目中得到了应用，进而推动研发、设计、生产、营销和服务体系变革。通过信息化建设，尤其是可视生产流程和可感数字化手段，提升了产业全过程管理水平以及经济与社会效益，成为我国轻工行业迈向制造强国的领航力量。

三是研发、生产、销售、服务“四位一体”，全方位打造智慧轻工。轻工行业积极推进数字化转型，数字化技术在研发设计、生产过程、营销管理、物流配送、产品服务、节能减排和安全生产等方面应用更加广泛。玩具和婴童用品行业 4000 多家玩具和婴童用品规模以上企业的研发设计、生产过程、营销管理、物流配送、节能减排和安全生产实现了信息化与工业化融和。机器人、AGV（自动导引搬运车）、无人仓库、视觉识别、在线组装和在线表面装饰等新技术、新装备在塑料行业大量投入新工厂建设。国内外知名的信息企业供应商 IBM（国际商业机器公司）、阿里云计算有限公司、杭州迪普科技有限公司、杭州尚尚签网络科技有限公司等一大批 IT 企业持续参与轻工信息化建设，并在这一过程中与轻工企业共同成长，相互成就，成为轻工业发展的重要伙伴和支撑力量。

四是数字化转型不断深化。随着轻工企业数字化转型的深入推进，越来越多的轻工企业服务于企业发展全局，将数据驱动的理念、转型流程和方法贯穿于数字化转型中，并从短期的、局部的业务流程规范与效率提升转向长期的、全局性的组织结构的变革、应用场景的落地以及产品和服务的差异化。近两年来，越来越多的轻工企业聚焦于产品和服务的差异化，尤其是各细分行业的头部企业，已显现出明显的竞争优势，并且从组织架构调整、信息化平台搭建、大数据建设等方面进行尝试，加快了企业组织结构向互联网转型的步伐。轻工行业的外包、分包服务犹如雨后春笋般蓬勃发展正好说明了这一点，尤其是许多大型企业不再一体化投资，仅投资一两个关键环节，其他环节完全利用市场化的外包、分包和合作。此外，将数据作为一种资源进行收集、存储和分析，核心是数据分析（决定最终的应用质量）。目前阶段，轻工企业还只是做些简单的统计分析处理，然后做出管理判断和决策。随着存储和分析技术的不断进步，可以对数据进行更加复杂的挖掘和处理。不难预计，基于数据分析水平和应用质量所带来的深化转型也将形成趋势和热点。

二、数字化驱动轻工业向以消费者为中心、柔性定制化方向转变

我国轻工企业的生产模式比较落后，表现在以下几个方面：一是企业管理以生产为中心，而非以市场需求和消费者为中心；二是产销和工艺流程“大而全、小而全”的企业形态还部分地存在（零部件及工艺流程的外包比重很低）；三是习惯于大批量、标准化产品的流程化生产。我国城乡居民消费结构正在由生存型消费向发展型消费升级，由物质型消费向服务型消费升级，由传统消费向新型消费升级，并且这一升级趋势越来越明显，速度也越来越快；同时，80后、90后、00后年轻一族成为国内市场的主流消费人群，追求时尚、彰显个性[①]。总之，消费需求进入个性化定制时代，大众化的市场被打碎，需求高度分散，以至于成为无数个个性化需求“碎片”，难以统一化合并、组合。市场的快速变化和大分散趋向给轻工企业的传统生产模式带来了强烈的冲击。例如，供应链备货困难，生产成本攀升显著，应变能力、灵活性严重不足，等等。

因此，推动生产模式与市场和消费对接，向柔性、智能化、精细化定制转

---

① 胡柯柯 . 应对 80 后、90 后个性化消费时代的来临 [N]. 南方日报，2015-05-14.

变是大势所趋、形势所迫，也是解决问题的根本出路所在；通过数字化转型能够很好地解决这一难题。

数字化是连接生产和消费（者）的桥梁和纽带。互联网、大数据等数字技术的应用极大地缩短了企业生产与消费（者）之间的距离，具体表现在以下几个方面：一是通过实时、动态数据的采集、分析，可以细致地了解、洞察消费者的生活和工作需求，并形成完整、准确的需求（消费）“画像”。二是通过完整、准确的需求“画像”，能够搞清楚为消费者提供什么样的产品是有价值的，目前设计、生产的产品与消费者诉求的价值差距在哪里，如何改进，这样就自然地由传统生产主导的模式转向以消费者为中心的模式（这也是数字化转型的根本动力所在）。三是通过数字化技术的深化应用可以重组企业技术工艺、产品结构和生产管理过程，从而形成柔性定制化的制造能力以及灵活、快速响应的机制，以提供满足消费者多样化需求的全面解决方案。四是可基于柔性制造、细分化产品及数字化服务构建产品全生命周期的服务体系，通过监测、整理和分析产品使用中的数据提高企业服务附加值。

近年来，家具、家用电器、日化行业等重点企业全面实施柔性制造、智能化生产（2021 年，轻工企业入选国家智能制造试点示范工厂33 家，入选智能制造优秀场景 22 家）。在家电行业，海尔集团、美的电器、老板电器等企业基本上实现了生产的标准化、模块化和定制化，可实时、同步响应全球用户需求；在家居行业，大信厨房、金牌橱柜、美克家居等企业围绕满足客户个性化需求，打造了自动化、批量化和定制化的新型模式；在乳品行业，伊利集团、蒙牛集团等企业基本实现了从原料到设备的全过程安全追踪，增强了质量控制和安全保障能力；在白酒行业，劲牌公司、迎驾贡酒等企业通过信息技术对传统工艺进行优化，较好地解决了传统酿酒方法高能耗、高污染的问题，使传统白酒生产步入绿色发展的轨道。柔性定制化在大幅提高生产水平的同时，也极大地降低了人工成本，进而增强了企业的市场竞争力。其他轻工行业的信息化建设也取得了较大成效，有力地支持了行业发展[①]。

三、数字化驱动轻工业“以质取胜”，向中高端迈进

（一）“以价取胜”的出口战略面临严峻挑战

我国大部分轻工产品出口从来料、贴牌加工做起，缺乏核心技术，利润率和附加值较低。据统计，目前轻工企业产品出口（规模以上企业）平均销售利润率仅为4%~6%。随着人工成本不断上升、欧美国家信贷消费和市场需求下滑、高端制造业回流以及东南亚等人力低成本国家轻工业的崛起，轻工业面临的形势异常严峻，主要表现在以下几个方面：一是欧美国家信贷消费和市场需求持续下滑，各种形式的贸易保护主义明显抬头，“再工业化”逐渐加速，轻工高端制造业回流明显（一些原来由我国生产、出品的产品改由其国内生产、供给）。随着制造业持续回流，欧美国家高端产品和部分中端产品有可能自给自足，甚至对外出口，这将对我国轻工出口产品形成替代、挤出效应。二是近年来，东南亚地区（具有传统的轻工技术基础、廉价的劳动力成本和非常优惠的引资政策，以及与欧美等主要轻工产品进口国签有互利的“双边协议”）对低端轻工业投资、转移的吸引力不断增强。自2013年以来，东盟十国的外国直接投资超过了流入中国的投资，欧美轻工产品订单向东南亚地区转移的现象越来越明显，越来越多的东南亚制造和印度制造轻工产品出现在全球消费品市场。

（二）消费需求不足是制约轻工业发展的一大“瓶颈”

长期以来，内部需求不足特别是消费需求不足是制约轻工业发展的一大

---

① 张崇和．筑牢高质量发展根基　夯实轻工业强国生命线——轻工业“十三五”成就回顾[N]．消费日报，2020-09-28.

“瓶颈”。一方面，需求总量不足，产能严重过剩，很多消费品积压滞销；另一方面，有效供给不足，消费者在国内买不到价格合适的高品质产品，不惜全球“海淘”。自2009年以来，我国出境旅游消费进入快速增长阶段。2015年，我国出境旅游人数达1.2亿人次，境外消费达1.2万亿元人民币左右；而2021年我国出境旅游人数达1.3亿人次，境外消费达1.4万亿元人民币左右。不仅是奢侈品，连电饭煲、马桶盖等一般消费品，消费者也热衷从境外购买，影响了消费对经济增长的拉动作用的发挥。

（三）数字化驱动轻工业加快创新、高质量发展

数字技术是先进的生产力。数字化转型驱动轻工业“以质取胜”，向中高端迈进，主要表现在以下几个方面：一是数字技术的应用，能不断地提升生产制造环节的工艺技术、管理水平和产品品质，驱动轻工业由劳动密集型向技术和数据密集型转化，驱动轻工业“以质取胜”。二是数字技术进一步深化运用，产品和零部件的工艺流程与参数标准可极大地实现模块化、标准化，由此带来交易成本的大幅下降、专业化分工的大幅提升以及供应链协同的深入发展，产销链向模块化、标准化和网络化方向转变并形成专精特新、众包众创等多样化、差异化的新模式、新业态，推动产业生产集约化和结构高端化。三是数字化转型过程中，数据成为创新的重要工具和要素，对企业创新活动产生了重大影响，引发并驱动轻工业创新机制和模式的大变革。区别于传统创新的资本、技术积累和人力模式，以人力资本和数据要素的投入为主，数据要素和数字技术的积累、流动、复制和共享特性极大地提高了创新能力和创新绩效，同时其突破时空障碍和局限的强渗透、广覆盖特性又显著地加快了技术扩散，提高了创新要素的配置效率。四是数字化的需求导向和快速响应机制从根本上改变了传统生产主导型的创新模式，有助于形成“需求牵引创新”的新模式，不仅降低了创新投入的风险，也激励企业聚焦于中高端以及关键基础材料、核

心工艺、原创技术的创新，极大地减少了重复建设、低端产品供给以及资源浪费。五是数字化转型过程中，数字化企业即便是市场跟随型企业，也有更多机会和可能性采取新技术、新设备、新工艺，创造新产品，实现对领先者的“弯道超车”。

近年来，一是发酵、家用电器、电池、塑料制品、照明电器等重点行业研发投入强度不断提高。2021 年，轻工科技百强企业年度研发投入为 597 亿元，研发投入占企业投入的比重为 2.8%。其中，美的电器年研发投入为 110 亿元，占企业投入的比重为 3.3%，成为首个研发投入超百亿元的轻工企业。这些都为轻工行业数字化转型提供了重要支撑。二是轻工业依托国家重点实验室、国家工程实验室、国家工程（技术）研究中心、国家企业技术中心等，逐步建立起一批食品、日化、家用电器、皮革、塑料等行业的国家级产学研用创新平台和中小企业公共服务平台。经过产学研用的共同努力和协同创新，特别是在骨干企业、高等院校、科研院所的参与带动下，一大批关键技术、研发设计、知识产权保护运用、产学研合作、检测认证、信息检索与咨询、展销及物流、质量品牌等项目实现重大突破，如变频空调关键技术、24 工位笔头机、圆珠笔墨水、宽幅高速文化纸机等一批科技成果达到国际先进水平，对推动行业转型升级、优化产业结构、提高服务质量和效率、降低服务成本起到了重要作用①。

① 张崇和 . 筑牢高质量发展根基 夯实轻工业强国生命线——轻工业“十三五”成就回顾 [N]. 消费日报，2020-09-28.

四、数字化促进制造业与服务业融合发展，推动轻工业向服务制造升级

我国是轻工生产、消费大国，但轻工服务型制造与生产型服务业发展滞后，水平不高，质量较差，市场化程度偏低。

从全球范围来看，服务的增值在制造过程中所占的比重越来越大，产业的服务化趋势非常明显：一是轻工业的横向分工不断延伸。由单纯的制造向独立的研发、设计、市场营销、售后服务、数据服务等分工延伸。二是轻工业的纵向分工深入发展。由纵向全部生产工艺环节的一体化制造向单一生产工艺环节的专门制造或专门服务转变。由此，逐渐形成制造与服务融合发展的产业新形态——服务型制造。据世界银行统计，2000 年全球服务业增加值在全球生产总值中的占比为 60.17%，2009 年为 63.89%，2019 年上升至 69.97%。

服务型制造向客户提供的不仅是产品，还包括依托制造的服务协同、依托产品的服务（商业）模式和业态创新，也就是围绕产品生产、加工、装配所展开的服务型制造及各类服务。从生产型制造向服务型制造的转变，是制造业的重要一跃。这一转变既要靠数字化转型来推动、保障并完成，也是制造业高级化的过程和表现形式。

近 4 年来，以互联网技术为支撑，轻工企业在销售、物流等多个方面实现了信息化运营。20 多个轻工企业项目被列入工业和信息化部智能制造、销售、物流支持专项。例如，食品行业的浙江贝因美科工贸股份有限公司，早在 2012 年就开始设立专项建设和优化婴幼儿配方乳粉产品质量安全追溯体系，目前已经建成从奶源、原材料、质量、库存、生产、渠道、门店一体化的全程管理

系统，并建立了实时的集成追溯平台，[①]基本上实现了顺向可追踪、逆向可追溯、风险可管控、产品可召回、原因可查清、责任可追究的六大目标。

五、数字化推动轻工业向节能、绿色、环保、健康方向发展

实现碳达峰、碳中和是一项重大的战略决策。《中华人民共和国环境保护法》的修订及相关政策的出台，对轻工业的环境保护提出严格的要求，明确了轻工业向节能、绿色、环保、健康方向发展的要求。推动轻工业数字化转型与绿色发展相契合，能实现生产效率和节能减排的“双提升”，是实现高质量发展的重要路径。一是数字化转型推动节能减排。数字化转型能有效改进生产工艺流程，提高设备运转效率，提升生产过程管理的精准性及智能协同管理，实现生产效率提升和节能减排。二是绿色、健康制造理念和节能、环保要求均是数字化转型的重要内容和应用空间。绿色理念和环保要求在设计阶段就考虑产品易维修、可拆卸、可再生、低排放、低耗能的特性；在加工过程中使用无污染的焊料、涂料以及其他无污染工艺等提高材料利用率；在包装材料的选用上，则考虑可回收、可降解、少废弃（此外，还有产品的回收利用和再制造等）的特性。三是数字化转型与绿色、节能、环保、健康的融合发展和相互促进还突出表现在数字经济上。数字经济最重要的生产要素就是数据。数据具有高效、清洁、低成本、可复制等特点。用好数据要素，加快数字技术与轻工业的深度融合，以数字化转型整体驱动轻工业生产方式和治理方式的变革，能有效优化产业结构和生态环境。

轻工企业利用新技术、新工艺、新材料、新设备进行节能降耗与减排

① 张崇和．筑牢高质量发展根基 夯实轻工业强国生命线——轻工业“十三五”成就回顾 [N]. 消费日报，2020-09-28.

治污绿色化改造，提高了行业清洁生产水平，一批绿色产品通过检测认定。“十三五”期间，全国评定绿色工厂1470 家，其中轻工企业 270 家；在工业和信息化部公布的 43 项绿色设计产品标准中，涉及轻工产品的共计 17 项；前两批绿色制造示范名单中，409 个绿色工厂中轻工行业占 63 个，246 个绿色设计产品中轻工行业占 235 个，19 个绿色供应链管理示范企业中轻工行业占 7 个[①]。

六、数字化推动轻工业优化资源配置

数字化转型以数据流带动资金流、人才流、物资流，数据使信息传递的空间缩小、时间缩短，提高了投入产出效率，且不断突破地域、组织、技术边界，促进制造资源配置从单点优化向多点优化演进，从局部优化向全局优化演进，从静态优化向动态优化演进，全面提升资源配置的效率和水平；同时，数据具有可复制性强、迭代速度快、复用价值高、无限增长和供给等禀赋，数据规模愈大，维度愈多，数据的边际价值反而成倍地增加，打破了传统要素的有限供给束缚，为轻工业高质量发展提供了充分的要素支持。[②]

数据要素驱动区别于轻工业传统（资源、人力高投入驱动）模式，数据要素驱动以及数字技术的积累、流动、复制和共享特性大幅提高了产业资源利用效率和要素配置效率，同时其突破时空障碍和局限的强渗透、广覆盖特性又显著地提升了生产制造、供需匹配的精准性，以及专业分工的深化空间。数据要素的这些新特征以及数字技术的深化变革和创新应用，使轻工业全方位、多层次的数字化转型出现了更多新变化、新趋势。

近年来，轻工业数字技术创新、数字迭代、数据要素驱动、数字化生产

---

① 中国轻工业信息网站：郭永新 . 回顾十三五信息化成果　展望十四五前沿技术应用 .http：//www.clii. com. cn/images/5. jpg，2022-05-17.

② 徐靖 . 数据要素驱动工业经济与数字经济深度融合发展 [N]. 中国电子报，2020-04-27.

和服务系统的发展明显加快，在提高社会生产力、优化资源配置方面的作用日益凸显：一是企业战略合作和兼并重组以及行业结构的优化调整步伐的加快，形成了一批优势行业和规模效益显著的企业，成为轻工行业转型升级的主力军，发挥了其在产品开发、技术示范、信息扩散和销售网络中的辐射带动作用。二是中小企业创业创新活力增强，向“专、精、特、新、优”方向发展。大企业与中小企业通过专业分工、服务外包、订单生产等多种方式，建立合作共赢的协作关系，实现了相互促进与发展。

七、推动轻工业数字化转型具备丰富的应用场景、广阔的市场空间和强大的内生动力

我国的工业化和城镇化进程仍将较快推进，尤其是中、西部地区的工业化和城镇化尚未完成（尚处于工业化和城镇化中期阶段），轻工业仍有巨大的发展空间。

新一代数字技术的发展和应用正以前所未有的广度和深度给轻工业的发展带来颠覆性的影响：一是以智能化为特征的制造模式变革为轻工业注入巨大的活力和内生动力。二是我国是世界轻工业生产大国，也是消费大国(2021年社会消费品零售总额达到41.2万亿元，成为世界第一大市场)，二者的融合发展具有得天独厚的丰富的应用场景和广阔的市场空间。三是根据生产增长模型测算，相对于资本和劳动力因素，数据等科技要素的作用日益凸显。

第三节 轻工业数字化转型的难点与挑战

轻工业要从传统的以资源、人力高投入为驱动，以生产为中心，以产能为导向的产品和服务供应体系转向以数据为驱动要素，资源节约、环境友好、消费与生产良性互动（以客户为中心，以市场需求为导向）、可持续的发展轨道，其间的差距和转型的艰巨是前所未有的。企业数字化转型需要一定的转型条件和支撑环境，更需要企业内外、上下合力促进，尤其是在中小微企业全面推广数字化转型面临很多的困难时。

一、轻工业数字化转型的难点问题

我国轻工业主要是劳动密集型传统产业，中小微企业占绝大部分。数字化转型所需的基本条件和支撑环境（工艺技术、设备和管理基础）较为薄弱，尽管数字化转型已经取得了一定成效，但在数字化转型中隐藏的问题和困难依然突出。

（一）设备和工艺过程的自动化、数字化、智能化是一道难关

轻工业属于流程式生产。很多行业仍处于机械化、半自动化、离散性生产阶段，从原材料到成品，无法做到连续化、标准化、自动化，而生产数字化车间、数字化工厂、数字化产业链需要生产过程中的全部设备和工艺实现自动化、数字化、智能化。对于大部分轻工中小企业来说，受人力、资金等条件的约束，设备和工艺过程的自动化是一道难以逾越的坎：一是大量机械化和半自动化装备在设计之初就没有考虑数据采集、数字化控制等需求，因而数字化改造难

度很大，同一车间存在自动化、半自动化设备多样性以及设备通信接口与功能参数不统一，国外设备还存在因技术保护不开放等情况也造成一定障碍。二是缺乏良好的信息网络基础设施也是在短期内难以实现数字化改造升级的原因所在。三是落后的科层制管理制度、本位主义守旧思维、习惯和经验不易改变（也有技术上较复杂及投资资金有缺口等方面的原因），使得数据往往分散掌握在各个部门，各个部门之间的数据是割裂的（造成了“数据孤岛”现象，无法实现数据共享），或者是弱连接的（或者数据传递仍通过纸质的方式进行，或者数据标准、口径不一致）。

（二）单项应用较多，在综合集成应用方面有待提高

轻工业的数字化建设单项应用较多，在综合集成应用方面有待提高。一是单项应用较多。例如，生产管理数字化、采购管理数字化、销售管理数字化、财务管理数字化、质量管理数字化、安全管理数字化等各自为战。二是管理决策系统与消费者的融合、连接较弱。设备、工艺自动化、数字化系统主要负责生产过程控制，往往与管理、营销等决策系统不关联、不连接（要融合、连接，就需要采集更多的数据，对数据收集的广度和密度两个方面有更高的完备性要求）。三是在综合集成应用方面（单项应用已无法满足市场的需求，全流程、横向可连接、系统级、可快速响应需求的数字化转型成为轻工行业发展的新需求和新阶段）有待提高。例如，研发设计与生产集成水平较低，供应链集成运作，决策支持、协同与创新应用等方面，只有少数企业应用情况较好，总体上还处于早期建设阶段。

有关调查数据表明，当前阶段，仅 30% 的中小企业对生产制造设备实施了联网，实现了对设备、工艺等信息的采集；仅 36% 的中小企业能够应用质量检测设备实现生产过程质量信息的采集与追溯；仅 34% 的企业实现了设计、生产、物流、销售、服务等关键业务数据的采集。在新一代信息技术应用方面，

中小企业的数字化基础水平较薄弱，仅40%的中小企业能够实现基于二维码、条形码、RFID（射频识别）等标识技术进行数据采集；仅23%的企业实现了关键业务系统间的集成；仅有5%的企业采用大数据分析技术，对生产制造环节提供优化建议和决策支持。

（三）缺乏能够实施“总包”的第三方服务商

轻工企业的数字化转型存在“自转”和“他转”两种情况。“自转”是企业完全依据自身能力独立进行转型，“他转”是企业借助市场上的第三方力量进行合作性转型。轻工行业以中小企业为主，绝大多数企业没有能力“自转”，只能借助第三方力量转型，但现阶段双方合作出现的问题较多，也较为突出：一是轻工细分行业众多（产品品种更多）、产销链条长、工艺复杂，在智能制造方面的需求差异较大，使得第三方供应商特别是软件商，在准确理解行业生产流程、把握企业需求方面有较大的困难，也增加了开发成本。二是中小企业投入能力不强，投资决策非常谨慎，用于智能转型的预算规模偏小，难以吸引有实力的大型供应商提供服务。三是目前市场上的软件、大数据、云计算等各类业务的第三方服务商良莠不齐，缺乏行业标准，选择难度较大，成本较高。无论是设备、工艺自动化、数字化层面还是企业运营管理软件层面的横向整合、纵向集成，均存在较大的难度及较高的成本。此外，全流程、系统级，特别是产业链协作级创新应用较少（全流程数字工厂整体处于早期建设阶段），制约着社会总体资源配置效率。

（四）人才匮乏

轻工企业数字化转型人才匮乏，主要是缺少复合型人才（既懂数字技术又懂工艺流程的人才）。懂数字技术的人缺乏工业领域的专业知识，难以了解工业企业的工艺与流程；懂工艺流程的人则难以了解如何应用数字技术推动业务转型升级，这种情况一定程度上导致数字技术落地缓慢。

轻工业无论是数字化转型过程还是转型后的管理和维护，都需要大量的人才。人才匮乏（有关调查数据显示，企业中数字化相关人才平均占比仅为20%）、人才培养机制不健全成为轻工企业向“智造”转型的难点之一，也是轻工业迈向全球价值链中高端的障碍之一，影响了产业链竞争力的提升和产业链的稳定性。

二、轻工业数字化转型面临的挑战

全方位、深层次的数字化转型需要有足够的应变能力应对不确定性、非线性动态变化的市场需求，但目前，大多数轻工企业传统组织结构（科层制）和生产分工（产品零部件垂直一体化“全能式”分工）模式的应变能力明显不足，面临诸多挑战。

（一）准确、及时地把握市场需求的能力

目前，轻工企业大多采用产品和工艺“大而全”“小由全”的垂直化分工、“条块分割”的科层制内部组织结构，以及固定流水线批量生产方式，而柔性定制所要求的是为某一个性化产品单独开设一条生产线，这对于投资、员工管理、售后服务以及过程、成本控制而言是一种严峻的考验。移动互联网对整个社会产生了深远影响，随着80后、90后、00后成为消费主体，使得消费需求空前个性化、细分化和隐形化。在生产能力过剩、需求不足的背景下，数字化转型就是要改“以企业为主”为“以用户为主”。互联网时代不仅需求短缺，而且需求变化快，又非常“零碎”。要满足这些变化快且“零碎”的需求，单一性标准化产品和零部件“工艺和过程全能式”粗放分工以及一般性的“扁平化”企业组织架构是难以达成目的的。一是单一性标准化产品和零部件粗放垂直分工，

企业的设备、流程、工艺、理念适用于大批量生产，产品和零部件灵活性严重不足，改进和替代性很弱，弹性很小，速度很慢；二是金字塔式的科层制组织结构，条块分割的职能部门、权责以及自上而下的层级、流程极大地降低了企业的决策效率（除一线员工外其他层级难以感知市场需求，而一线员工想要推进“快反应”通常“不容易”，易遭遇因循守旧、不敢冒险的上级的漠视、怀疑或反对），无法灵活、敏捷地对动态多变的市场需求做出反应。转型升级就是要建立“人单合一模式”，将员工裂变为自主经营的“强个体”，每个“强个体”都围绕用户需求进行自运转、自创新、自驱动，如此才能最大限度地实现准确及时地把握市场需求。对照市场需求的动态多变与轻工企业的反应能力，反差十分强烈。

（二）强大的柔性制造能力

柔性制造能力是大多数轻工企业的短板和痛点。所谓“柔性制造能力”，其核心就是最大限度地实现零部件标准化、模块化。就像搭积木一样，将轻工产品拆分为标准化的组件，这些组件就是模块，再用模块组合出需要的各种产品。零部件标准化、模块化一方面意味着单个零部件的通用性增强，因而产品需求和生产量就会增加，这样一来，在规模效应下，生产单个零部件的效率就会相应地提高，同时又便于零部件生产工艺和材料等各个方面的改进，促使产品生产成本下降。另一方面意味着生产线的标准化和模块化。生产设备的标准化和模块化使得生产速度加快，设备的投入成本降低，产品生产的质量和效率以及对市场需求的及时响应能力得到提高；但是，无论是零部件的标准化和模块化，还是生产设备的标准化和模块化，均是一项艰巨、浩大的基础工程。

（三）产品高端化转型

我国轻工业追赶世界先进水平，某些方面达到与国际先进水平基本相当的水平（已经完成产品由低端向中端的转换），有的企业甚至已形成自己的风格体系；但是，没有重大原创技术的企业不可能引领技术更新换代，虽然可以做大，但不可能真正成为行业的领跑者。从产品竞争力来看，我国的高端品牌仍只能在国内市场打天下，无法走出去，其原因有以下几点：一是轻工企业仍无法担当科技创新主体责任。轻工企业，尤其是上游配套企业，规模普遍较小，大多数中小企业资金有限，通常只够维持产品生产，很难从事研发投入。即使挤出了一部分资金，也因科研实力较弱，难以实施重大科研课题，甚至科研实力相对较强的大型轻工企业，组织、承担了一些重大科研课题，研究进展也往往较慢。二是科研管理方式落后。轻工企业对研发的管理较薄弱，基本上处于技术人员自发创造型和投资驱动型相结合的阶段（缺乏研发的科学程序、机制、方法和习惯，研发只作为研究与开发部门的职能，而与财务、采购和生产等部门的人员无关；研发的动力单一，主要来源于企业家）。研发投入不足和管理方式落后，致使轻工业关键技术难以实现本质突破，从而造成产品品种少、档次低，技术含量不高。三是缺乏深入研究和开发的能力。我国大多数轻工企业长期作为海外跨国公司的“生产车间”，主要从事产品的加工制造，虽然也积累了一些生产技术和经验，但离核心技术（核心基础零部件、关键基础材料、先进基础工艺）环节较远，对核心技术的了解和掌握较差；同时，我国轻工企业规模较小，多为中小型企业，难以承担进一步研究和开发所需要的大量资金、人力和物力。总体来看，轻工企业高端化转型任重道远。

（四）服务化转型

多年来我国轻工业的商业模式单一，依靠“大规模制造、低成本运作”赚取制造环节的利润，让制造变成了企业赚钱的工具。面对产品同质化严重、利润率不断下降以及消费者需求日益苛刻等难题，我国轻工制造企业“重生产、轻服务”的模式将难以维持。只有从纯粹的产品生产向服务业务模式转型，企业才能更好地体现差异化竞争，创造利润并锁定顾客，从而在新一轮的竞争中脱颖而出。近几年来，伴随着轻工行业竞争的白热化，企业经营利润持续走低，由此拉开了诸多轻工企业实施服务化转型的大幕，从价格战转向差异战，打造高端企业形象，提高产品售价和服务价值。然而，在企业转型工作深入推进的同时，其中的问题也日益凸显出来：一是服务是个大系统，对企业综合能力提出了更高的要求（包括强大的物流体系以及遍及全国乃至乡村的分销网络）；二是售后服务体系建设投资大、周期长，这就给轻工企业提出了一个紧迫、艰巨的转型命题。

第四节　加快数字化转型、推动轻工业高质量发展的政策建议

加快数字化转型，是党和政府做出的重大战略部署，对构建智能化、绿色化、服务化和国际化的新型轻工业制造体系，形成经济增长新动力、竞争新优势具有重大战略意义。轻工业要坚决贯彻落实党中央、国务院重大决策部署，顺应新一轮科技革命和产业变革大势，深化互联网、大数据、人工智能在行业中的创新应用，抓住数字化转型的主要矛盾（基础改造与创新能力不足），充分发挥政府与市场两个优势，革新观念、方法和措施，由点到线重点突破，进而由线到面、由大到强全面推进“智慧轻工”“品牌轻工”建设。

（一）加快数字化转型的政策与资金支持

数字化转型是轻工业高质量发展、重塑竞争优势、抢占发展主导权的新动能和新途径。加快数字化转型，关键是地方政府政策和服务上要有重大或重要的引领和支持。一是数字化转型要列入各级政府的重大工程专项（计划），并建立专项经费预算和拨付制度。二是专项经费优先支持推动行业数字化转型示范项目建设，力争到2025年建成一批数字化转型示范车间或工厂。三是专项经费优先支持一批有影响力的工业互联网龙头企业及一批特色鲜明的工业互联网平台，让这批平台企业有针对性地对当地各轻工行业上下游企业的设计研发、生产制造、供应链管理、营销交付等各个环节进行数字化改造。四是加大服务。目前，工业和信息化部“两化融合”管理体系在引导各类轻工企业加强信息时代新型能力体系建设中发挥着重要作用。可以此为基础，推动轻工全行业建立各地方层级“两化融合”指导站，编制企业“两化融合”工作指南，指导“两化融合”改造企业设立“两化融合”管理部门并组建“两化融合”专家团队。

（二）加快数字化转型的基础改造工作

企业数字化转型的最终目标是实现企业研发、生产、管理、营销、产业链融合的全面数字化。轻工业行业众多，行业、企业的基础条件和支撑环境各不相同。数字化转型的初期和中期，轻工业应重点做好基础性改造工作，奠定数字化转型的技术支撑和数字化基础。

1. 找准数字化转型的切入点

数字化转型的出发点是解决问题。数字化转型要解决什么问题？打造什么优势？这些问题不明确会使本就因市场需求变化难以把握而“手忙脚乱”的企业更加迷茫。因此，找准切入点是轻工企业数字化转型的关键一步。一是找到牵一发而动全身、对企业数字化转型具有较强引领和带动效应的领域作为切入点；二是应该先易后难，率先把自动化、数字化基础较好且相对成熟的领域作为切入点。

2. 深入实施生产设备数字化改造和网络化建设

数据是数字化的基础，企业数字化转型的目标和过程在于推进产销链纵向各环节、横向各项工作完全实现自动化、流程化、标准化、数字化。首先是生产设备数字化改造和网络化建设。一是综合应用5G（第五代移动通信技术）、工业互联网、人工智能等新一代数字技术，积极引进机器人、数字化智能设备，面向数据采集和反馈控制等需求，深入开展以设备换芯、生产换线、机器换人为核心的自动化、智能化改造。二是推进优化工业网络建设，深化5G、工业Wi-Fi（无线网络）等技术在工业现场的应用，最大限度地实现不同协议设备的网络接入。三是规范工艺运作流程、数据采集范围、时效等标准，实现各工序生产设备的数字化智能控制。

3. 加快管理数字化

数字化改造、升级不仅仅是一个自动化过程。在完成生产设备数字化改造和网络化建设后，可着手管理数字化系统的建设，为生产和管理两条主线的融合奠定基础。管理数字化系统，一是可重点推动企业应用ERP软件，实现生产和管理的无缝连接、精益化分析和运行。随着我国自主开发的ERP软件逐渐成熟以及各种云服务的推广，企业采购和实施ERP的成本已经大幅降低，且从能“用”趋向“好用”（在轻工业大、中型企业中，ERP软件已经有较高的普及程度，对于规范企业管理流程、提高运营效率发挥了重要作用）。二是消除数据流动在环节和部门间的壁垒，实现实时、高效的数据流动（企业数字化转型不单单是数据的采集、整理，还包括数据的流动、综合分析和挖掘应用。只有让数据如血液般在企业各个环节、各业务部门间流动、使用，才能成为真正的有效要素）。三是连接外部企业，优化零部件协同。

（三）加快数字化转型中、后期的质量、品牌提升工作

数字化转型的根本目的是释放新的（数字化）增长动力、新的创新活力，提升轻工业的产品品质、创新能力和综合竞争能力。因此，在数字化转型初期与中期的工作完成后，重点是推动轻工业生产工艺和产品品质由中、低档向中、高档升级，向品牌强国迈进，这也是解决轻工业发展的主要矛盾、实现高质量发展的根本要求。

实施数字化“三品”战略。一是加快数字技术融合和综合应用，加强对优质产品的保护。建立并完善消费品质量认证、准入与追溯的“一物一码”制度体系以及开放的数据平台，实现消费品全生命周期实时、动态管理；同时，完善监管执法协作机制，利用数据平台实现实时、动态监管。二是加大政策支持力度。建立各级政府产品质量提升引导机制，实施经费专项预算和拨付制度，引导和激励轻工企业增加对质量提升的投入。三是探索将轻工产品质量提升列入各级政府“一把手工程”及政府常规议事日程。

实施数字化品牌建设。一是加强品牌保护。实施严格的知识产权保护制度，成立知识产权快速维权中心，加快数据中心、数字平台建设，实施重点品牌“一牌一码”的全方位、实时、动态预警和监测。二是加大品牌支持力度。建立各级政府品牌战略引导机制，实施经费专项预算和拨付制度，引导和激励轻工企业增加对品牌建设的投入，并适时调整完善相关品牌建设的激励措施，激发企业创品牌的内生动力。三是加强服务。推动轻工全行业建立各地方层级品牌培育指导站，编制企业品牌工作指南，指导创牌企业设立品牌管理部门并组建品牌培育专家团队。

（四）坚定实施数字化创新引领战略

在市场竞争越来越激烈的情况下，企业竞争优势更多源自企业的创新能力。数据要素和数字技术的积累和流动特性对企业创新能力的提升作用日益凸显，因此在数字化转型的中后期，重中之重是用好数据要素，推动轻工业以企业为主体、以市场为导向，致力于政产学研用相结合的创新体系建设和创新能力提升。

实施数字化创新驱动战略，一方面是加快科研项目的数字化建设和精细化管理。加快推进轻工各行业科技项目系统的数据中心和数据平台建设，并依据可获得的更多科技记录和信息，为科研主体和科技活动提供精细管理、多方合作和共享支撑等服务。一是通过建立科技项目数据中心及数字化平台，实施重点项目“一项一码”的全方位、实时、动态监测和管理，实现由封闭式管理到开放式管理的转变。二是通过对数据的深入、综合分析，推进科技项目精细化管理，提高科研和创新效率。三是通过部门、企业间科技资源、数据的共享，实现更大范围内的资源优化配置。四是有效地对科技成果质量进行动态监测与评估。[①]

另一方面是完善政策和机制。改变和解决轻工企业创新动力、能力不足（技术基础差，缺乏深入研究和开发的能力以及资金上的持续投入能力）的问题[②]。一是针对企业创新动力、能力不足的问题，采用综合或专项性的科技计划，建立自主创新的引导机制，引导、促进企业自主投入，并对自主投入进行利益补偿，使其愿意创新并有利可图。可考虑设立行业专项技术计划，安排资金用于对企业自主创新与应用开发项目的贴息；对行业共性技术、关键性技术的开发

---

① 搜狐网站：康瑾，陈凯华 . 强化数字化在国家创新体系效能提升中的作用 .http：//www. sohu. com/?spm=smpc. content. nav. 1. 16529396180896Wysk6c，2022-05-14.

② 中国经济网站：辜胜阻 . 我国民营企业自主创新对策思路 .http：//www. ce. cn，2007-01-29.

与应用，可允许按销售收入的一定比例提取风险金，以弥补科技开发可能造成的损失。二是针对企业风险承担能力不足的问题，需要设立和完善风险分担机制，使企业敢于创新。[①]可考虑在行业专项技术计划资金中适当安排子项资金，用于对企业自主创新与应用开发项目的风险补贴。三是针对企业创新能力弱的问题，需要健全、创新产学研合作机制，以降低轻工企业产学研合作成本，让企业自愿推进开放创新。可考虑在行业专项技术计划资金中适当安排子项资金，用于对企业开放创新项目的补贴。四是制定综合或专项性的科技计划，尤其是要以重大科技攻关项目为重点，引导优势企业开展联合攻关，突破制约产业发展的核心技术"瓶颈"。五是对承担重大科技攻关项目的企业，进一步提高研发费用税前加计扣除的比例。

（五）坚决推进"放管服"改革和统一市场体系建设

新时代推进"放管服"（简政放权、放管结合、优化服务）改革，是全面深化改革、更好发挥政府作用的"先手棋"和"当头炮"，要坚决破除制约和影响市场在资源配置中起决定性作用的体制、机制的弊端。

政策、措施"破"和"立"并举。一方面是"破"，加大市场准入改革力度：一是降低市场准入门槛。清理、取消市场准入环节的各种限制性、障碍性、歧视性政策，普遍实施"非禁即入"，同时地方政府和有关部门不能再随意出台对市场准入环节的审批措施。二是落实公平竞争审查制度。清理、废除妨碍统一市场和公平竞争的各种规定和做法。

另一方面是"立"，加大市场环境治理力度，加强统一市场体系建设：一是扎实推动知识产权保护的各项改革部署，加快知识产权制度（包括新兴领域和业态等薄弱环节）建设。二是探索、推进并逐步建立消费品质量认证、准入与

① 中国经济网站：辜胜阻．我国民营企业自主创新对策思路．http：//www. ce. cn，2007-01-29.

追溯制度。三是完善执法体制改革，加大执法力度，对知识产权侵权行为持“零容忍”态度，让侵权者付出沉重代价。四是加快完善统一权威的消费品质量安全风险监控体系，形成以预防为主、以风险管理为核心的消费品质量安全监管新机制。五是严格实施缺陷产品召回制度，推动建立生产企业黑名单和惩罚性赔偿制度，公开曝光质量违法和假冒伪劣案件。六是通过数字技术建立开放的数据中心及数据平台，实现实时、动态的监测、认证、准入与追溯以及召回、赔偿等全方位、系统化的过程管理。

（六）加快配套改革和政策创新

加快配套改革和政策创新，增强政策的协调性和系统性。一是针对家用电器智能化技术、轻工特种纸基复合材料、食品危害因子发现和智能监控溯源、食品安全检测等关键技术以及国产工业软件（辅助设计、仿真模拟、生产控制等）“卡脖子”短板，面向企业实施并推行“揭榜挂帅”，以及重点资金、政策支持的举措，强力推动核心技术攻关以及工程化、产业化进程，提升行业技术水平。二是加强工程技术研究中心建设，突破关键薄弱环节。长期以来，轻工业科技成果转化率低，主要原因是研究开发与应用的中间环节薄弱，中试条件差，工程化水平低。要着力促进和加强科技成果产业化中间环节——工程技术研究中心建设，培养工程技术人才，完善工程化实验条件，提高成果的成熟性、配套化、工程化水平。三是加强高层次技术创新人才队伍建设。建立权责明确、评价科学、有利于科技人才创业创新的评价、使用和激励机制；制定相应的财政、税收、金融等优惠政策，完善知识产权、技术等作为资本参股的措施，支持拥有自主知识产权项目的创业创新，支持和鼓励高层次人才创办科技型企业；构建专业技术人才继续教育体系，依托重大科技项目、重大产业项目，为轻工企业培养和引进研发人才。四是完善企业的退出援助制度。企业的退出援助制度可考虑整合“关小基金”“淘汰落后产能基金”等相关财政支出，设立统一的企业退出扶助基金：对于部分绝对产能过剩行业需要淘汰的产能建立鼓励性退出机制，通过在退出扶助基金中适当安排专项资金等手段加速淘汰落后产能。五是发挥行业协会等中介组织的作用。加强质量管理协会、标准化协会、计量测试学会、消费者协会、贸易促进会、商会等有关专业协会和行业协会建设，建立健全中介服务机构，为企业提供品牌创建、品牌推介、品牌运营、技术开发、质量管理、法律服务、信息咨询、人才培训、商标代理、境外商标注册、打假维权等各方面服务。

第二章

企业"轻资产"模式
——非关键环节外部性成长①

① 所谓"轻资产"就是企业内部资产占实际控制和运作的总资产的比例较低。

在过去的几十年里，生产的组织和消费方式发生了实质性的变化，制成品的生产、制造和出口能力围绕核心国家（主要是工业发达国家）和外围国家（主要是新兴工业化国家或地区以及发展中国家或地区）扩展成一个大的、不断膨胀的网络分布。其中，核心国家的消费方式日益简便和多元化。

第一节　适度“轻资产”模式：日本汽车装配企业

一、大型一体化、全球产销链网络化分工：零部件生产、配套完全外包

大型一体化、网络化分工的全球产销链改变和决定了劳动力等生产要素的国际分工：能够切割国家的地域边界和时间限制，与资源、制造和营销结成更复杂、更紧密的网络体系。

（一）形成一种全新型的产销组织——商品链

生产加工体制分为大批量生产和市场需求多样化基础上的生产柔性体制。根据两种不同的生产加工体制和治理结构，全球商品链可划分为两种不同的类型：一种是生产驱动型，另一种是购买驱动型。

生产驱动型商品链描述了大型跨国制造商或大型一体化的制造业企业，在控制整个生产链条（包括它的前后关联产业）中起到了中心作用。这种链条一般发生在资本和技术密集型产业，如汽车、计算机、航空和电子机械等产业，如图 2-1 所示。

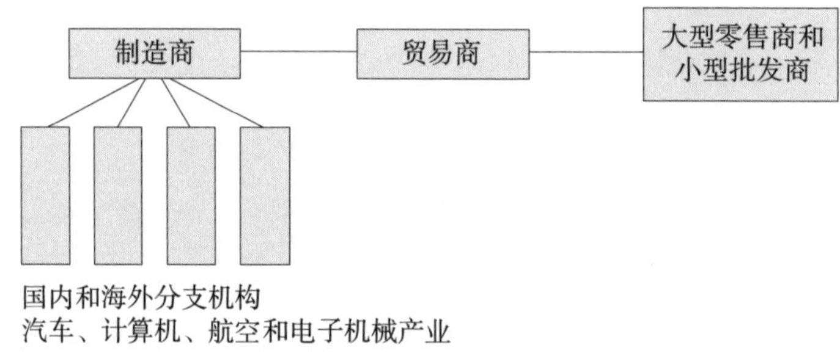

图2-1　产品驱动商品链的组织

汽车产业为典型的大型一体化制造产业，其产销链条（商品链）集合性地反映出链条过程和各种经济人之间的竞争过程以及权力和财富分配状况。

（二）商品链的产生、形成原因、组织过程及一般性特征

1. 汽车需求的增长

自 1939 年福特发明和应用连续流水装配线以来，汽车工业得到迅猛发展。1950—2010 年，全球汽车需求总量年平均增长 5%以上，目前需求总量约达 1 亿辆[①]。世界汽车市场主要集中在北美、欧洲和亚洲，整个生产分布集中于

① 资料来源：世界汽车工业统计。

发达国家和少数发展中国家，尤其是日本、美国和中国。

2. 时空障碍消退

在过去的 40 年，汽车消费需求保持连续稳定增长，给汽车工业的发展提供了广阔的空间和增长动力。

由于资本主义工业化和企业制度的革新（包括大批量生产、产权制度和资本融通），汽车的生产分布集中于少数装配型企业和一定数量的零部件生产供应企业。

一方面，商品总是作为消费需求的反映，但消费模式又总是处在不断变化中，而且变化的节奏越来越快，从而对生产效率和市场的敏感性越来越高。

另一方面，由于技术的发展，远距离计算机网络的应用使得产品的开发过程与产品生产本身以及其他相关部件的研究与开发，不再因空间地域的不同而分割。组织产品生产过程中，时空概念已发生了巨大的变化。事实上，长距离和最需耗费时间的工作可以通过大规模的集中和广泛的分散手段予以解决。例如，美国的汽车公司可以在底特律大规模地开发汽车发动机，然后在澳大利亚生产，再转运至欧洲进行统一装配，形成最终产品并进行销售。

3. 原材料和零部件供应

汽车制造业不是一个一体化产业，而是一个分部件产业。它需要各种各样的原材料以及 15000 多个零部件，涉及钢材、电子、塑料、橡胶、玻璃、纺织和机械等产业。

美国汽车产业的显著特点是垂直一体化。传统的汽车制造商几乎自己生产所有关键零部件，其他零部件和原材料向专业供应厂商通过合同订购，最后进行统一装配，形成最终产品。

现在，这种传统模式正在发生改变，趋向于更多地进行合同订购的网络化订购体系。最典型的是日本企业，合同订购许多关键零部件，这样就降低了一体化水平，增加了零部件供应数量，提高了合作地位。

4. 与供应商的关系

美国和日本汽车公司均拥有规模优势，其年销售额超过 8000 亿美元，其中包括克莱斯勒、丰田和尼桑。美国大型汽车公司通过合约，与有能力的零部件供应商签订合同，而供应商为了争取合同会展开激烈的竞争，大型汽车公司把它们看作依赖于自己的独立供应商，迫使它们不断地降低成本。日本的汽车公司与美国的汽车公司有所不同，日本的汽车公司尝试着建立了围绕长期合约的紧密合作关系，以确保金融、设计、质量、运输能够在尽可能短的时间内进行有效的配合，使零部件供应商有能力提供更高附加价值的产品。

与此同时，美国汽车公司面对的是大量、不稳定和竞争激烈的零部件供应商（具有更大的市场不稳定性和更小的市场集中度），趋向于更大的不连续性和暂时性，因而虽然面对的是长期合约供应商，但也很难确保下一个合约订单。

相反，日本汽车公司设计和生产集中于关键零部件，以确保关键部件设计与生产及关键技术掌握在自己手里，并以此为特征，使整个合作体系区别于其他竞争者。它们强烈地依赖于其他部件供应商所形成的特殊的多层结构（三菱研究所，2013），以合作方式向外寻求资源支持，其外部资源支持占部件总价值的比例非常大。第一层供应商一般规模比较大，组装和传送大的一体化部件。类似地，第一层供应商再向第二层供应商和第三层供应商寻求大比例的资源支持，从而总体上降低了商品链中每家企业的平均负担和责任。①

① Koichi Shimokawa. The Japanse Automobile Industry[M]. Westmeath：Athlone Press，1994.

5. 支持和润滑合作关系

美国制造商往往会花费大量的时间与供应商沟通并对其进行引导，尤其是在合作的初期。沟通的内容包括分工、相互关系的协调，设计成本、质量，传送要求以及金融支持，等等。

沟通和引导在初期会花费大量的时间，但经过一段时间的合作就不需要再花费什么时间了。不仅如此，它们还花费更多的时间来改善合作关系，发展新的产品和技术，如通过预先建立的项目和程序促进供应商对产品设计和供应变革快速响应。

6. 营销网络

汽车产品往往通过特殊的营销网络到达消费者，美国制造商均已独立地建立了国内和国外的销售支持系统，包括销售公司、分销、服务网络、广告系统，与许多重要的零售商都签订了合约，而零售商会对合作企业的产品给予特殊友善的对待。

日本汽车公司在主要海外市场都有销售支持系统，而且发挥了很大作用，使其销售行为更适应营销环境。不仅如此，它们还积极推行生产和销售的当地化。

7. 通过自有优势控制整个商品链

汽车制造商成功地前向一体化或部分一体化控制产品设计、广告、营销网络及服务系统；后向关联（合同订购、工艺技术的转移及金融支持，包括订单、工艺、Know-How< 专门技术 >、管理）控制了零部件供应，从而形成一种稳定的合作关系。①

二、日本汽车企业的产销链

（一）市场需求

日本国内市场汽车需求增长很快，1984—1991年，年平均增长7%以上；1991—2010年，年平均增长4%以上，年销售量达到7000万辆②。

随着市场需求的快速增长，汽车需求结构发生了很大变化。起初主要是对小型汽车的需求，现在变得日益复杂化、多样化。日本汽车的生产集中度不高，一直较为分散，相对其产业总体规模而言，其规模效应能力、年产量及市场竞争力均很强大，其中五大生产商年产量均超过100万辆，而且大部分出口到海外市场。

（二）产业结构

日本汽车产业最大的结构特征是11家生产商的“竞争性共存”。除了激烈的竞争，为了生存，日本汽车企业以日本大型公司或美国汽车生产商为龙头形成了战略性协作或集团关系，但并未形成联合或兼并。

日本两家最大的汽车生产商丰田和尼桑，年产量均达数百万辆，其生产量之和约占日本汽车总产量的50%，其中丰田年产量约是尼桑年产量的2倍。顶级生产商之后为第二级别的生产商，包括三菱、马自达和本田三家汽车企业，其生产量均在百万辆左右。第三级别的生产商包括Suzuki（微型车制造商）、Daihatsu、Fujijuko和Isuzu四家汽车企业，其生产量均在百万辆以下。此外，

① Hyung Kook Kim，Su-HoonLee. Commodity chains and the Korean automobile industry[M]. Westmeath：AthlonePress，1993.

② 资料来源：JADE。

还有两家重型卡车生产商，Hino 和 Nissan Diesel，年产量在 10 万辆以下。

（三）制造商与供应商的关系

日本汽车产业的另一大特征是零部件供应系统组织和运转的高效率。一辆汽车的生产涉及 15000 多个零部件的合作设计、生产、供应和装配，因此组织的效率高低是决定性的管理工作。日本汽车制造企业与北美和欧洲汽车制造企业的差别就在于零部件生产的灵活性：在日本，仅有 30%~40%的零部件由制造商自己生产；在北美和欧洲，自己生产零部件的比例则要高得多，约达 50%~60%。北美和欧洲高比例的自产，其目的是确保零部件供应和大批量生产，以获取规模效益。

日本汽车产业为典型的金字塔结构，基于劳动分工，其供应商围绕装配集团或装配企业分为三层：丰田、Daihatsu、Hino，尼桑、富士重工、Nissan Diesel，本田、马自达、三菱、Isuzu 和 Suzuki。每一家装配企业均有自己的部件协会。例如，丰田的 Kyouhoukai 和尼桑的 Takrakai 就是为了保持与部件制造商的紧密关系和信息交流而成立的。

这些协会之间是不联合的，每一家公司基本上都是在集团内部执行同一个产品计划。为便于计划的执行，集团成员企业的高层管理人员会保持流动性。在有些情况下，集团内部的企业也会尝试成为集团体系内其他企业的成员。这种情况有利于形成集团内部竞争。

对第一级零部件供应商而言，其与装配商的关系是最紧密的，其提供的部件也是最为关键的，或者是预装部件。装配商与供应商关系的密切程度取决于双边人员的交流情况。这种关系的存在不仅依赖于装配商与供应商的合作基础，也取决于供应商与供应商的合作基础。第一级供应商需要第二级或第三级供应商的零部件供应，以提供最终装配的零部件。供应商之间的关系与此相类似——保持技术和管理的交流以及稳定的合作。

（四）生产效率和灵活性

如上所述，日本制造商设计和生产的零部件更少（集中生产关键零部件，使关键零部件的设计、生产、技术及其系统掌握在自己手里，以此区别于其他竞争者），在很大程度上依赖于其他零部件的多层供应结构（三菱研究所，2013）。也就是说，外部资源所占的价值比重很高。一般来说，第一级供应商的规模是比较大的，负责装配和运送大的一体化系统，同样地，它们把大部分生产负担和责任转给第二级和第三级供应商。

这种相互关系形成了一种垂直化的劳动分布结构，对于日本汽车企业来说，高效率的生产体制就得益于这种结构。该结构赋予了日本汽车企业适应消费需求的高度灵活性。因此，日本汽车企业以多品种、小批量、及时适应市场需求结构的变化为特征，尤其是这种供求结构能很好地抓住新的市场需求，整车企业带动它的供应商很好地完成每一种车型的生产周期与市场需求的“啮合”，缩短新车型导入市场的周期，并抓住进入市场的关键时机。

（五）技术创新过程

装配商与供应商的这种紧密合作关系，提升了装配商作为技术领导者的地位。20世纪50年代初期，这种关系还仅仅是围绕价格进行讨价还价的简单的供求关系，但经过改进和发展，这种关系得到了提升。基于这种结构，供应商紧密地围绕装配商的生产、计划和数量要求进行生产供应，围绕装配商的长远销售目标展开生产；就短期而言，零部件供应商承担了绝大部分的成本。

21世纪初期，这些基本特征仍然存在，但有一些新的发展。对于主要供应商而言，它们已经积累了独立的工艺能力，对产品设计和生产系统产生了巨大的影响。它们通过集团内部的技术和管理技巧的转移，使整个集团能够在支持相关零部件制造商的开发能力上形成战略性支持，这促进了供应商竞争能力的提高，激发了其获取盈利的积极性，同时进一步提升了装配商的领导地位，加强了合作关系，使其更稳固并相互依赖。

此外，为了进一步稳定零部件供给，支持集团内部的技术和管理技巧的转移，这种集团性的结构关系也促使新工厂更有把握进行新设备的投资，并进行合作研究和开发。根据装配商订单的新要求，使整个工艺创新与QC（质量控制）小组“及时地”紧密结合，由此推动第二级和第三级供应商。当装配商进行一种新车型设计的时候，所有供应商都会参与到这一工作中来，并对缩短生产周期做出贡献。这种安排也保障了装配商融资能力的提高，并得到供应商对产品设计和改进的意见和信息。

（六）销售和分销渠道

无论是美国、日本还是欧洲，汽车制造商与零售商的关系均是特许合约关系。一般要求零售商完全执行制造商的营销计划，因而零售商作为一个特许经销商必须忠实地遵循制造商的销售政策。换句话说，零售商作为制造商的完全代理人，同时又是一个独立的销售组织。

在日本，制造商和零售商的关系是非常紧密和稳定的，很少发生一个零售商从一个集团“跳槽”到另一个集团的情况。协会是这种协约关系的信任桥梁。例如，零售商应该在制造商的要求下通过一场促销活动把较多的存货销售出去。假如零售商销售任务完成得不好或者没有能力把剩余的存货销售出去，制造商将通过投资给零售商以支持，或者为零售商增派销售人员。

日本零售商的数量很少，只是美国的1/13，但平均销售规模一般是美国零售商的几倍。零售商销售的不仅是汽车这个具有使用价值的产品，还有包括各种各样服务在内的产品与服务的组合。一旦顾客购买了产品，销售人员会一直与顾客保持联系，包括征询他们的意见。日本零售商的销售方法也与美国有所不同，销售人员分成销售小组，以组为单位进行销售活动，不像美国销售人员那样单独活动。在日本，销售人员的薪水也分为两部分：一部分是固定的，另一部分是佣金。美国销售人员的薪水完全由佣金构成，但没有经验的销售人员能够得到有经验的资深销售人员的言传身教。

日本汽车产业所有的服务都是由零售商负责的，这种服务会得到制造商的支持，制造商会尽一切所能为零售商提供修理配件和服务工具。

为了满足海外市场对服务的要求，日本汽车制造商建立了独立的海外销售支持系统，包括分公司、销售公司、分销服务网络、广告系统，并与许多重要的零售商签订合约，在这个销售网络内部建立了良好的互助互利关系。一般的零售商都高度重视日本产品的市场销售，日本产品成为零售商的主要的经销产品和盈利来源。

日本汽车企业除了在海外市场建立庞大的海外销售支持系统，以最大的努力调整其经营活动以适应不同的营销环境外，它们还积极地进行合资合作，推进生产的当地化。

现在，有迹象表明：随着海外市场需求结构越来越复杂，如国情、地区、消费者和产品差异，日本制造商从产品设计、生产到销售网络渠道、服务体系，都按照总的趋势，即需求的两种不同类别——特殊需求和大众化的大宗需求，进行新的调整和革新。此外，信息技术的广泛应用，使其适应最终需求的调整和革新富有效率，并提升了其产品库存、分销供应的控制能力和快速反应能力，以及内部的资金流通效率和融资能力。①

三、结论

完全竞争的市场既是竞争最为激烈的市场，也是效率最高的市场。在现实中，有些行业近似于完全竞争的市场。汽车行业由于受规模效应约束，一般均形成了寡头结构或垄断结构。日本却是个例外，其竞争结构呈多极化，实质上

① KoichiShimokawa. The Japanese Automobile Industry[M]. Westmeath：Athlone Press，1994.

为一种介于寡头与完全竞争之间的中间结构，因此其竞争的激烈程度和效率无疑要高于寡头结构。

在过去的几十年里，日本的内需增长非常快。由于下了大力气降低成本，促进了内需的增长，日本很快成为继北美、欧洲之后的第三大汽车市场。所以，日本汽车企业在进军国际市场之前不仅建立了大批量生产体制，而且实现了生产的低成本和高效率。

当日本汽车企业以高度差异化产品（小型、节油、低价）与市场先行占有者——美国汽车企业进行大规模对抗时，美国汽车企业拥有的成本和规模等竞争优势并不会对日本汽车企业产生抑制作用。再加上石油危机等外部因素，更使得竞争天平向日方倾斜。

在过去的几十年里，日本装配商积极地建立和发展了与供应商之间的良好合作关系，并形成和积累了一套相互沟通与促进的机制和经验。例如，良好的合作关系可以减少交易成本，在谈判、工艺和管理上少花费时间与金钱。更为关键的是还可以缩短生产周期。这不仅进一步降低了标准化产品的大批量生产成本，而且使适应新消费趋势的非标准产品的小批量生产受益。

垂直差异化寡头的竞争与合作，寡头间难以达成串谋，而是全力竞争。由于竞争异常激烈，因此各方会极力地进行产品的差异化。首先是质量的选择，技术领先者趋向于选择高质量，技术跟随者则趋向于选择低成本。随着竞争的加剧，产品的差异化程度增大，相应地，产品价格和企业盈利会降低。日本作为一个后起的汽车生产大国，在过去的几十年间，正是基于低技术基础上的产品高度差异化，成功地摆脱了与欧美汽车企业直接对抗的技术劣势。而后经过几十年坚持不懈的技术进口（全球最大的汽车技术进口国）、消化吸收和创新发展，也拥有了自己的技术优势。在拥有技术优势之后，日本汽车企业又极力地把这种优势发扬光大——把其应用于与地区资源相结合，尤其是有意识地针对大批量生产体制与消费模式变化做了大量的工作。

第二节 “轻资产”模式跟随者：韩国汽车装配企业

一、韩国汽车企业的历史沿革和产销链特征

商品链分析方法的重点是作用过程和相互关系，与许多惯常所用的只管投入、产出的“黑箱或灰箱”模型相比，其优势是显而易见的。韩国汽车企业产销链特征，如图 2–2 所示。

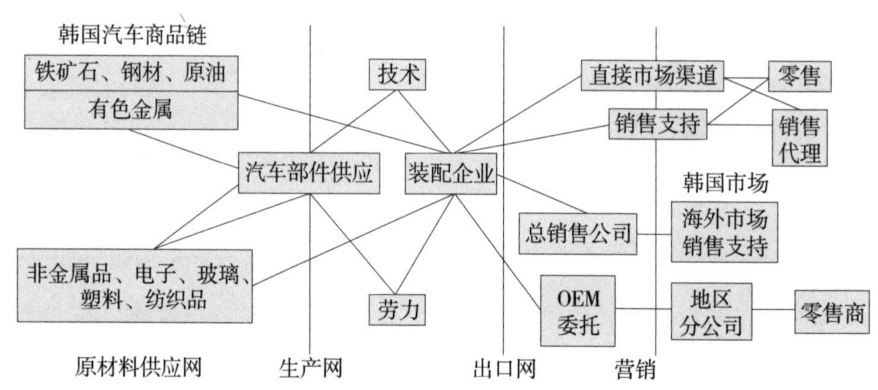

图2–2 韩国汽车企业产销链特征

（一）原材料供应

汽车制造业并不是一体化产业，而是由各个分立部件生产行业共同组成。其原材料来源极为广泛，钢材、电子、塑料、橡胶、玻璃、纺织品、机械原材

料均与汽车生产有关，包括15000多个零部件。

韩国汽车制造业的主要原材料、零部件都依赖进口，尤其是生产设备几乎全从日本进口。韩国汽车制造业的显著特征是生产垂直一体化，韩国汽车制造商如现代、大宇，有许多业务均与电子、铝业加工相关联。

炼钢是汽车制造最重要的后向相关产业（尽管目前铝和塑料已经替代了部分钢铁产品）。韩国在1973年建立了Pohang钢铁股份有限公司（POSCO），该公司不仅保证了韩国汽车制造企业稳定的钢材供应，而且钢材价格低廉。由于韩国铁矿石价格较高，95%的铁矿石由海外进口，但有趣的是，韩国国内的钢材价格比进口的铁矿石成本还要便宜，1982年比进口的铁矿石成本便宜32%。20世纪70年代韩国以重化工业为主的工业化是与汽车制造企业的发展密切相关的。在韩国汽车产业发展初期，其钢材的使用量占全部原材料使用量的81%。

（二）生产网络

韩国汽车生产网络可以用三个组织特征与生产关系的关键变量来表述：企业规模、技术转移和劳动分工模式。这三个关键变量反过来又受到生产过程相互作用的影响。

韩国汽车产业已经从装配型阶段走到一体化的国内生产阶段，并以产品设计为目标的技术创新阶段。每一个发展阶段都有相应的外部条件，虽然其技术水平较低，但主要优势在于劳动力成本低廉。这些发展阶段表明，在发展中国家进行汽车生产，技术转移构成了一个至关重要的发展条件。

韩国汽车在生产初期，基于进口替代的目标，国内企业都致力于建设成本低廉的组装线，这种装配线仅需要具备简单技艺的劳动资本，企业间的相互竞争非常激烈。韩国汽车企业不仅依赖于外国企业的投资，而且依赖于外国技术。在政府的“汽车工业的长远振兴政策”推动下，国内企业都致力于生产小型汽车，初期年产量仅为 50000 辆（一直到 1975 年），PONY 型号就产生于这一阶段。

韩国汽车企业由大型银行财团控制，这为其提供了一个进行大规模融资的渠道。相较于美国和日本的汽车企业均是由企业本身拥有并控制，韩国汽车制造产业更易于形成高度集中化结构。因此，韩国总体的生产网络特征是：高度的集中化结构——相对的规模效益，但生产工艺刚性强、可塑性非常小——缺乏范围效益。

韩国汽车企业均拥有一定的经济规模，而且均是依据自有资本建立和发展起来的。最大的三家为现代、起亚、大宇，外资占有份额最大的就是美国通用，它持有大宇 50%的股份（大宇的技术并不是来源于美国，而是来源于德国的 Adam Opel、日本的 Isuzu 和尼桑）。现代主要来自国内资本，仅日本三菱持有 15%的股份，其技术来源于美国的福特和日本的三菱。大宇主要是依据国内资本发展起来的，福特持有 10%的股份、马自达持有 8%的股份、C · ITOH（马自达贸易公司）持有 2%的股份，其技术来源于日本的马自达和美国的福特。

现代和起亚几乎完全是专业化的，不进行中间产品的生产，而大宇与美国通用合作进行了一些中间产品的生产，因而其管理模式有着显著的不同。现代进行 PONY 型车的当地化生产和国内市场供应，不仅致力于车型的改进和全球化战略，而且开发出自己的专有技术和全球化产品市场。大宇的战略主要是响应美国通用的策略，每年改进车型进行全球化的部件、整车、加工设备生产技术许可，如以 PONTIAC 商标生产 LEMANS 型车。

就零部件供应而言，韩国汽车产业主要依赖于日本技术。约 90%的零部件供应企业依赖与日本的合资，而这些合资企业与韩国大型制造企业的联系并不密切。在这些合资企业 20%的年利润中，17%~18%要返回给日本企业。

韩国汽车的生产和出口主要依赖于熟练劳动，但是这种熟练劳动在发达国家和韩国（半外围地区和国家）之间存在很大的差距。1990—2000 年，日本的平均每小时劳动效率是韩国的1.5倍，与此同时，由于劳资对抗，韩国的汽车业劳动力成本急剧上升，10年间几乎上升了100%，显著地高于其他产业。由此，基于低廉劳动力成本的韩国汽车产业的竞争力显著降低。

（三）出口网络

技术输入国的汽车产品出口主要有两种途径：外国企业驱动和国内企业驱动。这两者之间的差别在于，出口代理人由不同的中间媒体所组成，这种媒体是由生产商不同的生产驱动方式以及在消费市场的不同分销网络之间的差异所产生的。由外国企业所驱动的，通常是出于利用低廉的劳动力成本和生产效率的差别的目的。在美国市场，韩国汽车进口通常是由两种形式的组织进行分销的：现代地区分支机构（现代汽车美国分公司）和委托加工（OEM）生产商的分销网络。OEM方式是外国汽车企业重新出口汽车到发达国家，在离岸工厂进行汽车组装的一种主要战略。例如，福特用FESTIVA商标进行委托加工，通用也用类似的方式委托大宇生产——用PONTIAC商标出口LEMANS型汽车到美国市场。

现代的市场战略是个典型的例子。作为技术接受者的跟随型企业，如何提升自己的产品对发达国家（如美国市场）的出口能力，现代创立了一种战略。这种战略可通过其生意的不断扩大和积累而建立分销网络。在美国市场，现代99.7%的出口产品均是通过自己的海外网络（现代汽车美国分公司）进行销售的。现代的市场战略主要是定位于年收入在3万美元左右的低收入顾客的低价产品（车价为5000~6000美元，低于日本同种质量产品600~1000美元）市场。整个销售均在现代汽车专营零售店完成，而每个零售商均围绕三个地区性的战略销售网络中心——洛杉矶、纽约和亚特兰大组织和展开。

一般来说，跨国公司的产品出口网络与其产业结构和产品专业化生产模式密切相关。韩国汽车企业依赖于出口网络的集中化结构——中间贸易商很少。

这种结构带来了以下三种结果：一是汽车企业高度集中化的大规模生产，二是富于活力的大型企业与分布广泛的贸易公司——专业化合约生产，三是中小型产品定位。总之，这种结构特征促进了生产和营销更紧密的结合。

（四）营销网络

汽车产品均是通过特定的渠道到达消费者手中的。如前所述，现代基于其美国的分公司，建立了自己的营销战略；起亚和大宇则依赖于跨国公司的 OEM 方式，生产、运输和销售都由外围公司完成。

现代作为一个后起的汽车生产商，最初从单向的零售关系着手建立销售网络。在美国市场的第一年营销中，现代销售了26.3万辆PONY EXCELS型汽车。这一成功中，单向零售关系的建立和保持是至关重要的因素之一。通过这种方式，零售商能够得到更高的销售利润，如零售商在销售 PRESTO AMX 型汽车中，得到 15%的销售利润，而现代汽车美国分公司仅得到 7%的销售利润。当然，韩国出口市场的价格差异也是其成功的因素之一。相对高的销售利润以及与数量有限的零售商建立专营关系，促使零售商加倍努力进行产品销售，并最终提高了零售效率。

在这一阶段之后，现代就面临着越来越大的障碍。随着日美贸易摩擦的缓和，韩国中等尺寸的小汽车在美国市场不再具有竞争力：一是日本汽车制造商对美国顾客的品位响应效率很高，通常是每 4 年更新一种型号，韩国厂商却做不到这一点（KERI，1991 年）。二是根据《消费报告》，现代在制动、样式和悬挂方面的用户评价最低，J．D．动力协会给予现代和大宇最低等级的评价，并且它们的售后服务也存在问题。以现代为例，由于所有的零部件都是通过三个地区的分支机构供应，导致售后服务长时间的拖延，这些都影响了现代小汽车在用户中的竞争能力。三是韩国汽车企业对于顾客的购买刺激也是薄弱的，与美国和日本汽车企业相比，现代 13%的借贷利息率根本无法形成对用户的借贷吸引（高利率的原因在于现代低收入顾客偿还能力的高风险）。四是就生产而言，由于韩国制造业尤其是汽车制造业工人工资的增加，带来了劳动力成本的上升，但工资上升，劳动生产率并没有同步上升。20 世纪 80 年代末至 90 年代末，韩国汽车制造业平均每个工人年生产 17 辆汽车，而丰田和尼桑人均年产量为40~60辆。这样一来，工资效率仅相当于丰田的61%（KERI，2001年）。因此，与竞争对手相比，韩国小汽车所具有的微弱的价格优势，由于生产效率问题也被一点点地侵蚀掉了。

面对这种情况，现代考虑改变其既定方针：一是转而与美国的克莱斯勒建立和签订了 OEM 方式的生产合约；二是转为双向的零售关系，即零售商也可以销售其他商标的汽车。这也刺激了它开辟另一条差异化的出口道路（战略）——进军欧洲市场。

韩国汽车企业在美国市场上的销售下降，导致其产品出口转向——把出口市场重点转向欧洲。现代在欧洲市场取得成功（1991 年，约占韩国对欧洲总出口量的 93%），成功的原因有两点：一是由于与东欧国家建立了外交关系，现代有渠道进入新兴高速增长的欧洲市场。二是日本小汽车受到欧洲 EEC 进口规制的限制，实行这种规制的国家首先是法国，然后是意大利和西班牙。作为一个后来者，现代能够很大程度上绕开这种区域性保护壁垒。①

二、结论

韩国汽车企业与日本汽车企业有很大的差别。韩国 3 家最大的汽车企业主导整个产业结构和供求关系，三者销量之和占整个产业销量总和的 95%，为典

---

① Hyung Kook Kim, Su-Hoon Lee. Commodity chains and the Korean automobile industry[M]. Westmeath: Athlone Press, 1994.

型的寡头结构，因而其国内的竞争没有像日本那样激烈，相应地其产销效率也相对落后于日本。

在过去的几十年里，韩国汽车国内需求增长很快，由于高度集中化的生产体制，韩国汽车企业拥有规模优势，尤其是主要依托国内资本得到发展，但是它的内需规模远远小于日本，大约相当于日本的1/7（1991年）。虽然韩国汽车企业基于国内需求建立了大批量生产体制，但其生产效率提高的空间很有限，一是受到内需规模的制约，二是原材料、技术和市场依赖于外部。因此，韩国汽车产业的发展模式选择了内外相结合的道路：一部分基于内部因素——主要依赖于低廉的劳动力成本；更多地基于外部因素——技术依赖于日本，市场集中于北美。

综上所述，韩国汽车企业在美国市场别无选择，只能与美日汽车企业进行激烈的对抗。作为技术接受者和跟随者，韩国汽车企业只能尽力进行产品差异化，并随着竞争的加剧而提高差异化水平，以尽量减缓产品价格和盈利水平下降。韩国汽车企业之所以在国际竞争中取得成功，其原因在于：一方面针对美国市场的薄弱环节推出低价位高度差异化产品（与美国产品相比）。与日本产品相比较，其产品主要居于低价位，因而具有竞争优势。另一方面，基于生产的相对高效率（低得多的劳动力成本和相对低的劳动生产效率），与技术供应商（市场领先占有者，又是技术和中间产品的提供者）的良好合作关系——以OEM方式进行生产合作，以及美国市场需求的稳定增长，这是驱动韩国汽车企业高速发展和盈利增长的主要原因。

当需求萧条来临后，低价位的差异化产品不断涌现，竞争激烈程度显著提高，作为后来者，其主要的竞争手段——低价位和差异化，无论是空间还是作用都显著地被削弱甚至丧失了。首先，由于技术依赖于主要竞争对手，在竞争加剧的时候，主要竞争对手为了确保自己的利益，在技术上趋向于保守，因而合作关系更趋向于对抗性质，从而加大了技术上的差距。其次，由于产品的分销售后服务均依赖于主要竞争对手的网络，在竞争加剧的时候，不仅差异化产品所需要的差异化服务得不到落实，而且整个合作关系都走向于己不利的反面。最后，受竞争和需求的影响，OEM 方式生产合作的规模也降低了。面对这种情况，韩国汽车企业只能依赖价格优势来维持竞争力，但是由于其劳动力成本上升太快，与主要竞争对手相比，1992 年相对生产效率比以前（1988 年）还要低。同时，内需规模的增长空间有限，所有这些导致韩国汽车企业不仅不能改变竞争结构，而且陷入了非常困难的境况。

第三节　高度“轻资产”模式：美国耐克公司

一、买方驱动型商品链

与生产驱动型商品链相反，买方驱动的商品链是指企业不直接生产产品，而仅依赖于复杂的多层合作订单网络，为一个特定的目标而形成的总的相关系统。

买方驱动型商品链一般发生在劳动密集型产业，如鞋、服装、玩具等行业。其中，鞋业为典型的劳动密集型产业，其产销链条（商品链）集合性地反映出买方驱动型商品链的组织过程、各种经济人之间的竞争关系以及权力和财富分配的情况。

二、耐克鞋产销商品链形成的历史沿革和主要特征

（一）消费模式决定零售方式

在过去的几十年里，在美国发生了一场零售革命，使美国零售市场的力量结构发生了戏剧性变化。20 世纪 60—70 年代，随着巨大型百货商店吞并其他独立性零售商，整个零售业逐渐形成寡头型结构。发生这种变化的原因，主要是企业之间此消彼长的竞争力量变化，包括经济规模、先进技术和大规模的广告在零售业中的运用，政府的管制、金融机制也都有利于巨大型零售商的孕育和成长。

20 世纪 80—90 年代，独立性零售商的处境更加困难，陷入四面楚歌的境地。独立性零售商的目标顾客主要是美国中产阶级家庭的购物承担者——母亲，为其提供家庭式商店的一般商品的广泛选择。这种典型的格局满足了带有两个孩子、一个人工作的城市双亲家庭的购物需要。然而，到了 2000 年，只有不到 10%的家庭仍然保持着这种家庭结构和购物习惯。

2000 年以后，美国家庭结构更趋简单，而购物方式更趋多元化，每一个成员都成为家庭用品的经常购买者。

美国独立性零售商的批量零售方式面临着严峻的挑战，传统顾客一方面分流到具有更大选择性的专用店，另一方面分流到大型折扣商店。前者针对高收入阶层，为其提供能够满足他们的自尊需求的，名贵、时髦的产品以及好的服务；而后者的目标是低收入阶层，强调低价格，为其提供方便和实用的商品。

一方面，美国零售市场的分化为专业（专门产品）零售商创造了广阔的市场机会，正如大批量生产体制给柔性生产系统提供了一个广阔的生产空间，发生变革的美国批量型零售市场日益个性化，这就为适应新的家庭结构和购买方式的专业化零售商的发展铺平了道路。

另一方面，世界经济的萧条为低价格商品在发达国家市场找到了增长空间，这就增强了大型折扣商店在零售业中的地位，并迫使零售商和制造商一致寻求降低成本的新途径。

总之，零售商相互之间力量的转换，使20世纪80—90年代以至于2000年后美国市场一直保持着快节奏。它不仅反映了美国社会购买力量的变化，也表明了这种力量的转换成为在世界范围内影响生产模式的决定性因素。

（二）著名商标公司的作用及其前后产业关联

1980—2000年，美国运动鞋市场的总销售收入增长了3倍[①]。在1985—2000年的16年里，美国消费者用于购买运动鞋的支出增长了2倍多。2000年，3/4的美国人购买了运动鞋[②]。根据消费者年龄的不同，美国运动鞋市场是高度差异化的市场，青少年是最主要的运动鞋消费者。美国运动鞋协会做了一项调查，调查表明：12岁以上的年轻人平均每人至少有两双运动鞋，用于运动和其他临时性活动。运动鞋成为年轻一代社会地位和身份的象征。

图2–3为著名商标公司的前后产业关联。

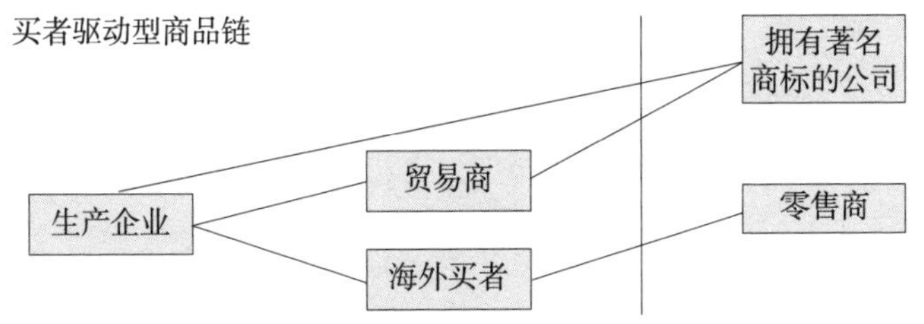

这些公司是设计导向性的著名公司，如耐克，Beerok，Liz Claiborme and Mattel toys，typically own no factories，Some like The Limited，均拥有自己专有产品销售网络。

图2–3 著名商标公司的前后产业关联

① 资料来源：NSGA，2001。

② 资料来源：AFA，1992。

美国运动鞋市场也是一个价格高度差异化的市场，价格分布非常广泛。2000 年，售出的运动鞋中 85% 的价格为 45 美元，而顾客实际支付金额超过 70 美元的鞋仅占 1.4%。作为身份象征的是价格，而不是样式和功能，这构成了运动鞋的基本差异。运动鞋本身也是高度差异化的，主要是根据鞋的设计目的和运动种类而定。1999 年耐克生产了 24 类、300 种规格、900 种样式的鞋，REEBOK 公司销售了 175 种规格、450 种样式的鞋，阿迪达斯和 L .A.GEAR 公司各销售了 500 种不同样式的鞋。20 世纪 90 年代后期，销售额增长最快的运动鞋是篮球鞋和散步鞋，网球鞋和跑步鞋的销售额有所下降。2001 年，篮球鞋的销量占到总销量的 22%。产品差异化给企业竞争和产品价格下降带来了动力。

（三）耐克控制整个商品链

1. 对外围的控制

耐克公司起源于一家名叫兰罗伯的小型运动品公司。第一个发展时期（20 世纪 60—70 年代早期），兰罗伯公司作为一个分销商主要从事进口和分销著名的日本虎牌鞋的业务。初期，虎牌鞋在市场上具有价格竞争优势，尽管如此，兰罗伯公司仍通过把目标用户定位于著名球星和田径运动员以及运动爱好者，成功地提升了其竞争地位。早期，兰罗伯公司只是依靠自己建立的少数几家分销店艰难地筹建与独立运行商品零售商的经销网络。随着时间的推移，兰罗伯公司提升了它的市场作用，开始对虎牌鞋的设计工艺提出更新和改进意见。20 世纪 60—70 年代初，美国运动鞋市场增长迅猛，但是兰罗伯公司与日本虎牌鞋制造商也由此产生了矛盾，最后诉诸法律。此后，兰罗伯公司开始设计和生产自己的产品，贴上自己的商标。20 世纪 70 年代，兰罗伯公司更名为“耐克公司”，并由此进入其新的发展阶段。

第二个发展时期（1976—1984 年），耐克公司通过控制营销以及对订单的重新设计，包括控制营销、分销渠道，创新订单产品生产方法，提升了自己的相对竞争地位，尤其是引入“跑一跑、跳一跳、运动运动”的活动概念并使之成为美国主流文化的一部分。正因为耐克公司在恰当的时机以恰当的方式把人们对运动的热情变成了生活的一部分，才拥有了自己富有竞争力的品牌，并成为美国最重要的运动鞋公司。1985 年后，耐克公司又开始加强产品的设计和广告的控制，进一步优化公司的组织机构，由此进入第三个高速发展阶段（1985—1994 年）。

第三个发展时期（1995—2014 年），耐克公司又开始加强后向产销关联、一体化全球资源战略以及关键环节控制，由此进入快速、稳定发展阶段。

2. 前向关联——与大型零售商紧密合作并获取市场驱动力

FOOT LOCKER 是美国一个重要的运动器材零售商，也是耐克鞋最重要的分销商。耐克公司为了加强合作以促进产品销售，发明和革新了一系列加强合作关系的措施和方法。耐克人发明了一种名叫“期货”的先期订单购买系统，大订单可以提前 6 个月下单，并享受 5%~7%的折扣优惠，且能得到按期供货的保障，FOOT LOCKER 成为第一个受惠者。它们之间合作关系的巩固和发展得益于耐克公司的应变能力。耐克公司听从零售商的意见，对产品设计加以改进：对产品供应商的生产过程进行协调和控制，以提高生产的灵活性。

3. 后向关联——区位优势：全球资源战略

耐克公司通过重新设计其资源战略，即向低成本供应商订购，赢得并提升了自己的相对地位。开始是利用日本的廉价资源，后来是利用韩国和中国台湾的资源，最后是利用中国大陆、泰国和印度尼西亚的资源。运动鞋销量的快速增长，使耐克公司改变了订货模式，因为需要给零售商提供更多的产品、更低的价格及准确的供货时间，所以耐克公司开始寻求继而发展出一套资源战略：

其资源基地由三个等级的供应商组成，这三个等级的资源基地得到的合约订单是经过精心安排的，并有计划地增减数量，以逐步过渡。

首先是成熟的合作者，即一级供应商，负责提供最时髦和工艺过程要求最复杂的鞋。其次是大批量生产者。与成熟的合作者相比，大批量生产某型号产品，一般生产灵活性要差。最后是发展中的资源基地。吸引耐克公司注意新的生产工厂，这种工厂具有更低的劳动力成本，可以通过耐克公司和有经验的耐克供应商的精心安排，进入耐克鞋供应商名单。

20 世纪 70 年代，日本的劳动力成本上升，耐克公司用复杂的应变系统把生产基地转移到东南亚新兴地区，如韩国和中国台湾。然而，随着这些地区的劳动力成本上升，耐克公司又尝试着把其劳动密集型、技术集成度不高的产品的生产转移到中国大陆、泰国和印度尼西亚。

从世界范围而言，鞋业生产能力过剩，尤其是那些以出口导向为主的新兴国家和地区。例如中国，由于建立了大量的鞋类生产企业，生产能力远远超过国内市场需求；同时由于生产周期的作用，劳动力成本昂贵的国家不再具有生产劳动密集型产品的相对优势，因而均先后把劳动密集型生产技术和加工设备转移到劳动力成本低廉的地区。这样每一个老的生产基地就成为新的生产基地的投资者，如中国香港和中国台湾就成为中国内地（大陆）的投资者。

4. 支持和促进商品链条的协调和运作

由于美国零售市场占统治地位的几大寡头适应了消费趋势的发展，市场的影响力越来越大。一方面，耐克公司通过提升营销战略，与经销商紧密配合、互利互惠，相应地取得了强大的市场影响力，得到高速增长的市场需求的拉动。另一方面，为了满足市场需求，提升竞争能力，耐克公司需要建立高效率后向生产基地。根据它的全球资源战略，成熟的合作者由于劳动力成本上升导致竞争力下降，耐克公司相应地减少了对这些合作者的采购批量，促使生产向劳动力成本低的地区转移，而劳动力成本低廉的地区也就得到了相应的资本、技术和管理技巧。耐克公司不花一分钱就把新的生产基地转移到劳动力成本低廉的地区，只不过是为了保证产品质量和供货期，新基地的每一家加工企业都安排有耐克公司选定的几名来自成熟合作者的经理人员，并建立相应的分支机构，进行专门的产品设计、财务会计核算以及承担原材料和产品运输等服务性工作，以确保整个体系按时按质按量地高效运转。运动鞋商品链的形成，如图2-4所示。

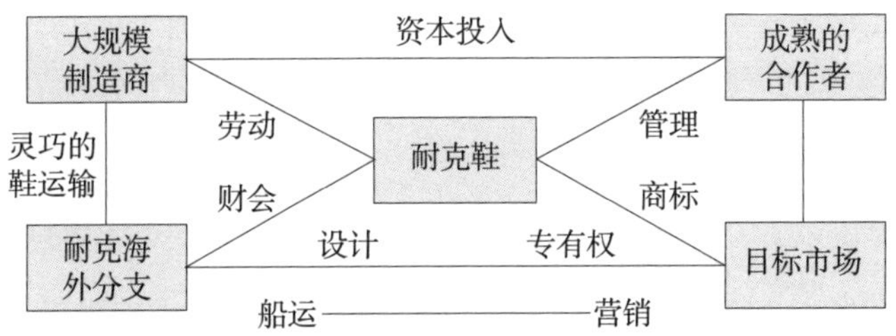

图2-4　运动鞋商品链的形成

耐克公司关键性地选择并成功实施了对产品设计、广告及分销网络的控制：一方面是与大型零售商密切合作、相互促进，借别人之力最直接地接近并受益于需求（顾客）；另一方面是基于最低成本原则的资源基地选择并不断做出调整，通过优化组织结构以适应从产品创新、广告战略到资源战略的协调运转，从而逆顺序从最终需求的创造和新市场的开拓——产品创新设计、广告实施到产品订购、生产、运送与分销直接依据市场需求本身的驱动力完成整个产销过程。①

① Gereffi G. The organization of buyer-driven global commodity chains [R]. How Usretailers shape overseas production networks, 1994. Chen X. The new spatial division of labor and commodity chains in the Greater South China economic region[R]. How Usretailers shape overseas production networks, 1994. Korzeniewicz M. Commodity chains and Marketing stategies: Nike and the global athletic footwear industry[R]. How Usretailers shape overseas production networks, 1994.

三、结论

由消费者剩余、需求弹性以及产品的差异化可知，销售努力能改变需求结构。因此，可以通过广告、设计及零售渠道的改进来赢得更高的效率和盈利。

高需求弹性的产品可以通过降低成本和价格大幅提升市场需求。只要交易成本保持在较低水平，就可以采取一切方式完成生产过程。因此，可以通过全球化的资源战略寻求降低生产成本的最佳途径。

耐克公司不仅能够控制价格，而且能够建立良好的合作关系。一方面通过与零售商的密切合作，直接受益于消费驱动；另一方面通过产品设计、管理技能培训以及其他为供应商服务的措施，进一步降低产品成本。对中小型生产商而言，在产品设计、生产支持、出口渠道和品牌依赖于贸易商的情况下，生产商的谈判地位和盈利分配均受制于贸易商，而且这种格局是很难被打破的（因为每个单个的制造商都无力影响市场价格）。

在外围制造商和次外围制造商之间，这两者对大型买者的谈判地位和盈利分配也是不同的，次外围制造商要好于外围制造商。因此，外围制造商会千方百计地挤入次外围制造商圈。

第三章

适度“重资产”模式
——较多链条环节的“内涵式”增长

第一节　“内涵式”增长之路

不同的企业有不同的成长路径和策略，适合企业自身产销组织结构特点及运行模式的路径和策略都可以实现良好的增长。生产驱动、网络化垂直分工制造商的成长路径也必然具有自身的特点。

一、格力电器

格力电器组建于1991年，从一个后进者（原本严重亏损的小企业）晋升到行业龙头，成为中国目前生产规模最大、技术实力雄厚的专业化空调企业，拥有珠海、江苏丹阳、重庆和巴西四大生产基地，产能已扩展至1000万台（套）。

格力电器成长路径的最大特点是集中人力、物力进行专业化经营（空调单一品种）。在实力弱小的阶段，一方面，在技术开发上，聚焦于上线（生产线）产品的末端进行局部开发（一切以市场需要为导向，同时根据未来发展潮流进行产品的创新）；另一方面，在市场开发上，采取“农村包围城市”的渗透策略，集中开发著名企业影响较弱的地区，同时侧重于专卖店重点经营。在行业需求高速增长的背景下，持续多年取得市场开发和产品开发两个方面的良性反馈、双向驱动。到20世纪90年代中期，格力电器已获得二线品牌的市场地位。此后，专业化经营的优势进一步显现出来，产品开发由局部转向全面，形成较完整的系列；市场开发则逐步向国内影响较大的城市如北京、上海、广州、南京等地发展，并进入海外市场。

二、美的电器

美的电器作为一家民营企业，没有借助任何体制优势，完全依靠在残酷的市场竞争中拼搏冲杀达到数千亿元的营业收入。

1990 年，美的电器销售收入刚刚突破 1 亿元，到 2000 年就达到了 100 亿元，又一个 10 年后，销售收入超过千亿元，10 年增长了 10 倍。最近 5 年销售规模持续实现 30% 以上的增长，美的电器成为国内继海尔之后第二个年销售收入突破千亿元大关的家电企业。

美的电器的成长路径也很有特点，就是相关多元化。美的电器从小家电（电扇）起步，2002 年才进入"大白电"（冰箱、洗衣机、空调）。仅仅过了两年，美的空调（包括中央空调）、洗衣机晋升为行业第一，美的冰箱也跃居行业第二。

美的电器是如何做到的？其战略内涵及具体策略有很多，主要是依据小家电产品（后来包括"大白电"产品）战略上的优势——大规模产销体制、较高的市场占有规模、快速增长的市场需求以及小家电生产和销售上相近的物理特性及较高的盈利水平，不怕亏损（甚至一两年时间），采取大幅降价与持久战手段，向竞争对手重拳出击，拖垮或削弱专业经营对手（专业经营的软肋：战略和盈利率上没有太多的回旋空间）后，再高调、大规模地推出升级化新产品，由此一举反客为主，屡屡得手（当然，还包括收购重组）。

三、海尔集团

海尔集团是在1984年引进德国利勃海尔电冰箱生产技术成立青岛电冰箱总厂的基础上发展起来的特大型企业。经过多年的发展，海尔集团从一个亏损47万元的集体小厂迅速成长为拥有白色家电、黑色家电和彩色家电的中国家电第一品牌。

海尔集团的成长路径与格力电器和美的电器又有显著的不同。海尔战略内涵及具体策略主要是，自1984年海尔集团的前身青岛电冰箱总厂成立至1991年的7年时间里，坚持技术质量上的高起点，强化全员质量意识和产品质量意识，坚持技术进步，通过狠抓产品质量，创立了海尔冰箱名牌并形成一整套精细化管理“软件”。

在快速增长的市场需求背景下，海尔集团依据领先国内同行一步或半步的精细化管理“软件”，四面出击兼并，盘活同类家电生产线（当时全国同时引进较多），然后横向、纵向“平台”型一体化迅速扩张，快速做大并大规模国际化。

第二节 非关键性资产的“内涵”增长与“外延”关联

企业之所以要做策略选择，是因为企业的资源和能力是有限的，不是所有的事情均能做。那么该如何选择呢？一般而言，企业策略选择是以市场路线为主导，技术路线（技术进步）为辅助，同时还必须综合考虑自身的多种条件因素。生产驱动、网络化垂直分工制造商的策略选择因其受制的因素更多，必须要更全面、综合地考虑这些因素。

一、贴牌手机生产企业的增长策略选择

（一）国产手机贴牌生产[①]的现状

有关数据表明，2017年国内手机产量达到18630.9万部（国内前三大厂商华为、OPPO、VIVO）瓜分了国内市场份额的“半壁江山”，其中华为占比最大，未来有望成为全球手机产业巨头，其他贴牌生产所占的比例约为40%，为74525万部左右。

（二）贴牌生产的市场化条件

一般而言，贴牌产品均是源自需求驱动型的全球产销链。形成这种产销链的市场化条件无外乎三个因素：一是集中化的市场需求，二是生产能力过剩，三是存在垄断或寡占性的市场进入障碍或存在垄断或寡占性的市场控制势力。

手机产品市场无疑也具备这三个条件。

（1）国内手机市场的需求规模已领先全球——市场总规模近3亿部，且更新换代速度很快。

---

① 贴牌生产（OEM），英文直译为“原始设备制造商”，但其基本含义为定牌加工，俗称“贴牌”。具体来说，就是本企业的产品有市场、有渠道，而生产能力有限，甚至连生产线、厂房都没有，为了增加产量销量，或为了降低新上生产线的风险，或为了赢得市场时间，通过合同订购方式委托其他同类产品厂家生产，所订产品低价买断，并直接贴上自己的品牌商标，这种委托他人生产的合作方式即为OEM。对于受委托的厂家来说，只要按委托厂家的设计要求生产，或将现有产品稍做改动甚至不做任何改动，只改动商标，重新印制包装便大功告成，完成了出口或内销运作。由于不用去操心市场营销，可集中精力在生产上，因此被委托企业便可通过批量生产和薄利多销的优势创造出经济效益。

（2）对很多大型手机生产企业而言，制造环节的技术、工艺和设备（手机的产销过程主要包括研发、设计、制造、营销、服务五个环节）均趋成熟，不存在大的技术问题（只要资金投入和市场需求不存在问题）。例如，美欧、日韩厂商（包括三星、LG、现代等）和中国台湾厂商，当地市场的开发较早且较充分，生产技术已趋于成熟。其手机生产能力扩充性很强，生产能力过剩，即便是中国大陆厂商，近两年也很快呈现出大规模的生产能力过剩。统计数据显示，2003 年国内手机的产能达到 2.3 亿部，占全球产量的一半，但我国国内市场容量仅为 6000 万部，就算外销能达到 7000 万部，产能还过剩 1 亿部。

（3）国内手机市场相对封闭，存在寡占性市场进入障碍——手机牌照资源稀缺使之成为国内手机市场最为宝贵的资源。

（三）贴牌生产——现实选择的必然原因

在市场进入存在寡占性障碍、内需规模大、更新换代速度快、产能规模较大或产能过剩的情况下，国内手机厂商如何进行选择？

在假定企业理性选择的情况下，当然是包揽手机产销过程的五个环节，独立自主地生产和销售为最佳——只要技术能力上可行、质量上有保障、产品更新周期较快即可，原因在于这样可以最大限度地寡占国内市场需求，获得最大利润；但是，由于国产手机企业普遍存在的技术障碍[①]，情况就变得复杂起来。

一种选择是独立完成手机产销过程的五个环节，实现最大利润（技术上以独立研发、设计为主，以合作为辅）。尽管这种方式具有风险大、周期长、费用高的特点，但国内领先企业均先后进行了艰苦的努力。例如，目前在市场上主推的 TCL 品牌机型都是“由 TCL 移动自行研发、制造并具有自主知识产权”的产品。

二是采用以购买技术为主、以自主研发为辅的方式进行研发、设计，但独立完成其他产销环节。实际上，近年来每个国产手机厂商身后都有一家或多家外资企业的身影，如中电通信背靠飞利浦，联想贴牌 LG，熊猫从脱离爱立信到携手麦克赛尔，波导引进萨基姆成套生产线，TCL 购买高通（CDMA）、爱立信（GPRS）技术，等等。

三是贴牌生产。这种方式不搞研发，专注于产销和服务环节。实际上，国产手机的机会主要源于国内巨大的市场容量和增长空间，而要在激烈的市场竞

① 技术障碍：一是国产手机企业在技术研发和设计上先天不足。手机的技术大致分为底层的芯片、中间的软件和表层的外形三层。目前，尚没有一家国产手机厂商掌握了基带芯片、射频芯片等技术；在全球范围内，也只有德州仪器、高通、飞利浦等少数几家传统的芯片厂商才握有这项核“芯”技术；而中间软件的供应商也主要是日韩（如三星、LG、现代等）和后起的中国台湾厂商（欧洲，如法国微控公司等一些手机厂商崛起也很快）。国产手机企业，实际上是连中间的软件层和技术含量相对较低的外形设计都没有几家能做。只有首信、中电通信、TCL 等少数几家国产手机厂商在自主开发中间的软件层。此外，在新技术产品的推出速度方面，国产手机企业比海外厂商要慢半年甚至更长的时间（如双频、中文短消息等技术，而现在的彩信、双屏折叠、内置摄像机、JAVA 游戏等技术让国产手机厂商头痛不已）。二是研发的费用太高，风险较大。国产手机起步较晚，国家虽然给予了政策和资金支持，但并没有形成统筹规划的研发体系。目前，国产手机厂商的技术研发大致有两条路：①以独立研发为主，以合作为辅；②以购买技术为主，以自主研发为辅。独立研发需要企业具有胆略和技术判断力，有放弃短期利益的勇气，但有此远见的国产手机厂商寥寥可数。纵使有些国产手机厂商在技术研发上填补了国内的某些技术空白，但在利益的驱使下，它们多是单独与日韩美等国的企业结盟，相互之间少有联盟，使技术成果无法集中利用，不能快速转化为规模生产。此外，技术研发周期长，费用高，风险较大。

争中生存，就要通过规模生产，提升市场份额，并维持一定——哪怕是相对较少的利润。国产手机厂商大部分是国有企业和上市公司，如果拿到稀缺的手机牌照资源，而长时间没有任何动作，则很难对国家和股民交代，想要获得国家国产手机专项资金的支持和股市融资更是无从谈起。在这种眼前利益的驱动下，国产手机企业根本无暇顾及研发，于是通过贴牌生产的方式保持市场的反应速度和规模力量自然也就成为选择之一。

一般来说，从芯片组开始做一部手机，需要 13 个月左右；而采用贴牌的方式，只需 6 个月甚至更短的时间。由于技术不太成熟，国产手机研发推出新品的周期太长，不能适应市场需求的变化，很难具备性价比方面的竞争力，如东信 EL600 目前已经不再生产和出售。另外，手机更新换代速度的不断加快也提高了选择贴牌生产的可能性[①]。

这样一来，就使得国产手机企业的行为选择产生了多种策略组合的可能性：一是充当外国产品的国内总代理、总经销；二是名义上让海外企业贴牌（国内企业的牌子）生产，实质上为外国产品的国内总代理、总经销；三是突破和掌握表层的外形、中间的软件二层技术，仅依赖海外企业的核心技术，然后让海外企业贴牌生产或部分地由自己生产，最后完成销售和服务；四是突破和掌握表层的外形、中间的软件和芯片级核心技术，然后完全由自己生产、销售及服务。

那么，针对以上四种情况，国内手机企业究竟做何种选择最为有利？显然，第二种选择比第一种选择更为有利。原因在于，在同等的收入水平下，第一种选择让消费者知晓和接受的是外国品牌，第二种则让消费者知晓和接受的是国内企业自己的品牌，这有利于自己品牌的形成和价值的提升。

第二、第三、第四种选择又如何呢？显然，如果国内手机企业一致地进行

---

① 熊庭辉 . 贴牌手机企业分析 [J]. IT 时代周刊，2015（6）：21–25.

选择，如前所述，则第四种选择为最佳。

那么，不一致又如何呢？实际上，因卡塔尔串谋不成立，国内手机企业不可能一致地进行选择。

在不可能一致地进行选择的情况下，我们不妨把问题做适当简化——简化为两家企业（把国内手机企业简化为仅两家企业）和两种选择（一是贴牌，即第二种选择；二是不贴牌，即第四种选择；暂时省略中间性的第三种选择）。

因第四种选择寡占性最强，收益最大，我们不妨赋予其收益值为 6（两企业同时选择均为 3）；第二种选择，相对收益要小，我们不妨赋予其收益值为 3（两企业同时选择均为 1.5）。此外，如果一家企业选择贴牌，另一家企业选择不贴牌，那么因贴牌企业可以更稳定、更便捷地取得利益和品牌影响，其收益无疑会增加，不妨假定其增加的收益值为 1；相应地，不贴牌企业将减少收益，其减少的收益值为 1。

这样，我们要讨论的选择问题就简化为著名的“囚徒困境”博弈，其收益矩阵如表 3–1 所示。

表 3-1　收益矩阵

	不贴牌	贴牌
不贴牌	3，3	0.5，2.5
贴牌	2.5，0.5	1.5，1.5

最后，我们就明确得出了问题的结论：因企业的自利行为，将不可避免地导致双方均选择贴牌的结果（企业数目扩大，结论相同）。

如果再考虑企业技术研发的风险性以及生存和壮大的概率等因素，选择的结果无疑会重复贴牌的结果。

（四）贴牌产销链的关键环节和企业竞争行为

在贴牌全程产销链上，所涉及的典型企业有三大类：一是产销链终端从事单纯营销和服务的国产手机企业；二是产销链始端的美欧芯片研发、设计、生产企业；三是产销链中端从事中间的软件和表层的外形研发、设计、生产的日韩和中国台湾企业。

这三大类企业，因其所在的链位重要性和各链环的市场寡占程度不一，所起的作用和影响也就不一样，在很多情况下甚至会大相径庭。

一般而言，产销链终端的营销和服务具有重要的决定性意义和作用，进而由它影响和控制全程各产销环节。其原因在于，消费驱动型的商品链条最接近消费者，为产销驱动的源头。

在此案中，情况却大为不同，具有全程影响和控制作用的关键环节为产销链始端的美欧芯片研发、设计、生产企业。其原因在于芯片研发、设计的巨大风险和投资密度及其相伴而生的高度寡占性技术垄断。因这一环节的市场垄断性最强，相应地其对各环节的影响作用是关键性的；产销链终端的营销和服务则不然，尽管其位于产销驱动的源头，且拥有牌照资源的垄断性，但其总的市场垄断性比始端弱，同时因市场急剧扩大，目前阶段远未达成高度稳定且收敛性的强寡占市场地位。

这样一来，各环节企业因在全程产销链中的地位、影响和作用不同，其市场行为的选择也就不同。

（1）关键环节——产销链始端的美欧芯片研发、设计、生产企业，其市场行为的选择趋向有三种：一是因其研发、设计成本等信息偏差的外部性以及价格谈判博弈的决定性，企业策略选择趋向于高定价。二是在这些企业内部存在产品和定价差异并互相竞争的情况下，根据垂直化产品差异及外部产品——质量和价格两阶段博弈结果，企业策略选择趋向于最大限度地差异化以及高定价。值得说明的是，这主要还是由手机产品差异化空间大所致。三是在产销链终端的营销和服务达成高度稳定、收敛性的强寡占的情况下，根据产权、效率与交易成本博弈结果，企业策略选择趋向于最大限度地与终端企业稳定地合作。

（2）产销链中端从事中间的软件和表层的外形研发、设计、生产的日韩和中国台湾企业，其市场行为的博弈结果有两种：一是尽力进行产品差异化，且趋向于低定价，并随着竞争的加剧而提高差异化水平；二是趋向于最大限度地与终端或始端企业稳定地合作，或与两者均稳定地合作。

（3）产销链终端从事单纯营销和服务的国产手机企业，其市场行为的博弈结果有三种：一是尽力谋求高度稳定、收敛性的强寡占市场地位及收益；二是尽力进行产品差异化，且趋向于低定价，并随着竞争的加剧而提高差异化水平；三是最大限度地与始端和中端企业稳定地合作，或者向中端、始端技术渗透。

从现阶段实际的结果来看，企业行为选择也的确如此。例如，美欧芯片研发、设计、生产企业的高定价行为——全程产销链50%以上的利润分配给研发和设计，几年来，贴牌手机企业成了用汇大户，每年付给国外企业上百亿元巨额资金；国产手机企业选择最大的合作诚意和最大限度的技术渗透等——实际上，国产手机从一落地采取的就是“市场换技术”的贴牌生产方式，如前所述，每个国产手机厂商身后都有一个或多个外资企业的身影。

（五）下一阶段的策略选择

企业外部条件的变化对策略选择及其结果具有重要影响，尤其是对企业产品价格和寡占性有重要影响的主要因素变化。

在当前和可预见的将来，影响企业产品价格和寡占性的主要因素有三个：一是手机整机进口关税，二是进口配额制度，三是内销许可证。

显然，手机整机进口关税越高，越有利于国内手机企业，而不利于海外厂商；相反，关税的降低，则有利于海外厂商（降低了其市场进入成本），而不利于国内企业。然而，关税的下降是大势所趋。2004年1月1日，国家取消了3%的手机整机进口关税，现在摊在进口手机上的增值税只剩下17%。

进口配额制度和内销许可证与关税一样，也是一种对国内企业有利的保护性措施。市场开放是一种必然趋势，可以预言，不久的将来这些措施均会被取消。

下一阶段的因素变化必然会引发该阶段企业行为选择的调整。

（1）关键环节——产销链始端的美欧芯片研发、设计、生产企业，其市场行为的选择趋向为：将不再需要以贴牌生产的方式进入国内市场，根据垂直一体化博弈结果，有理由认为其在采购和谈判选择性小的情况下（这是国产手机企业所努力谋求的目标），可以一体化前向投资，降低交易成本，一脚踢开贴牌伙伴而自立门户。

（2）产销链中端从事中间的软件和表层的外形研发、设计、生产的日韩和中国台湾企业，其市场行为的选择趋向为：将不再需要以贴牌生产的方式进入国内市场，根据垂直一体化博弈结果，也有理由认为其在采购和谈判选择性小的情况下，可以一体化前向投资，降低交易成本，一脚踢开贴牌伙伴而自立门户；同时，在技术能力可行后，还可能一体化后向投资，进一步降低交易成本。

（3）产销链终端从事单纯营销和服务的国产手机企业，其市场行为的选择趋向为：单纯贴牌生产的生存空间越来越小，竞争威胁越来越大；根据垂直化产品差异及外部产品博弈结果，其行为选择一是尽力跟随进行产品差异化，并随着竞争的加剧尽量提高差异化水平，二是在中、低端产品上进行价格的充分竞争（例外情况是，营销和服务达到高度稳定、收敛性的强寡占市场地位的个别或极少数企业，或者成功地实现了前向一体化投资、显著地降低了交易成本的企业）。

从目前的过渡情况来看，企业的现实选择也莫不如此。

目前，日、韩和中国台湾手机厂商正从幕后走到台前。韩国企业是国产厂商最大的贴牌供应商，其中三星已经拿到GSM手机的内销许可证，扫除了在国内市场直接制造并销售手机的主要障碍。LG借“浪潮”进入中国市场后，现在已选择“单飞”，拒绝再生产“浪潮LG”手机，现在国内市场上只看到LG的CDMA手机，“浪潮”想靠手机提升品牌影响力的设想成为泡影。

同时，以代工著称的中国台湾企业在长江三角洲上海、苏州、昆山一带蛰伏已久，台湾品牌拥有符合中国人审美习惯的设计风格，技术具有一定的优势，在制造上拥有成熟的经验。它们的策略是把巨大的大陆市场作为培育自有品牌的肥沃土壤，一边为国产厂商贴牌，一边等待政策解冻。

此外，欧美手机厂商也多管齐下，加快了对国内市场的强势反击。一方面，加大在中国的研发力度和投资。目前，欧美几乎所有的顶级手机厂商都在中国设立了独立的研发机构，有的研究人员多达几千人，部分厂商甚至把年利润的10%投入研发中；同时，采用彩信、内置摄像头、GPRS、KJAVA等新技术挤压国产手机厂商。凭借技术优势，国外手机将在高端市场继续占据优势地位，并具有垄断性。另一方面，国外手机厂商都在扩大在中国的生产规模，产能持续增长。因此，留给贴牌厂商的生存空间更加狭小，部分厂商甚至面临生存之虑[①]。

（六）结论

在市场全球化的条件下，产品的技术与市场营销、服务的控制权均很重要。

对国产手机企业而言，这两个方面均较薄弱。就现阶段而言，最为薄弱的还是技术。为了强调技术能力的重要性，我们引用有关人士的一段话：“在标

① 陶然．国外厂商都在扩大在华生产规模[OL]．[2013-09-13]．http://tech.tom.com．

准为王’的时代，拥有自己的技术对企业的发展至关重要，一流的公司卖技术，二流的公司卖产品。”掌握核心技术的国外手机厂商利用《与贸易有关的知识产权协定》(TRIPS)拼命保护自己的核心专利技术，甚至设置技术标准壁垒和地域壁垒，收取高额的专利费。某项技术到底值多少钱，国产手机厂商一直不清楚，无疑是十分被动的。例如，做 CDMA 手机要交 150 万美元的入门费，每部手机交出厂价 2.7% 的专利费，而且每一次技术升级均要交升级费，而高通收取的费用之高令人咋舌。

(七)最新进展

近年来，国内以华为、小米、OPPO 为首的国产手机在销量上完成了对苹果的逆袭。在苹果疲态尽显的大背景下，国字号品牌不断壮大，尤其是华为手机，不仅长期占据国内手机市场的主导地位，而且快速向海外市场扩张。虽然我们组装的手机打的都是中国品牌，但不得不说，在核心零部件上，各大企业依然多受国外供应商的掣肘。比如在芯片领域，除了华为的海思在高端芯片领域可以与高通一较高下，联发科在中低端市场可以发力，目前基本上还是高通一家独大。再如屏幕，OLED 屏目前被三星、LG 等韩国企业把持，国内手机厂商分不到产能就限制了出货量，这是不争的事实。还有摄像头，也在索尼等大牌的控制下。所以，我国的终端企业在核心竞争力上是缺乏原创性的①。

① 冯庆艳．国产手机时代到来，看华为小米如何逆袭？[EB/OL]．[2013-9-13]．https：//www．sohu．com/a/201693238_100034946．

二、重资产的增长策略困境：空调企业仍将开始大规模的价格战

（一）价格战是否难以避免

空调行业近30年的市场化发展历程本身就是一部价格战历史，从20世纪90年代中期开始，价格战就成为一种被普遍运用的竞争方式，即便是在2011年后的三年全行业转型升级浪潮中，多个主流品牌仍然将极致性价比作为一种主导型竞争策略。2018年上半年空调市场依旧保持强劲增长势头，但空调库存还可能继续攀升，截至2018年4月底，空调行业总库存为3941万套。从中期来看，影响空调规模周期的宏观和房地产趋势都在走低。

从目前国内空调市场的供需能力和市场结构等情况来看，引发新一轮价格大战的条件业已存在，主要表现为以下三个方面。

（1）企业生产能力远大于需求。有关资料表明，尽管空调在城镇家庭中的拥有率很低，但近几年来需求量基本上是稳定的，一直未能像彩电、冰箱那样在较短时间内有所突破（据业内有关人士分析，主要障碍是居民价格预期与目前的售价有差距），而目前的生产能力至少大于实际需求量的1倍以上。

（2）市场结构不稳定，生产集中度低，还远未决出胜负。虽然空调市场经过10多年的竞争发展已初步形成以优势企业为主的市场格局，但前3名企业所占有的市场份额还较低，大约为60%，且彼此间相差不大，尤其是居第一位的企业其地位极不稳固，表现出很大的波动性。因此，大分散的生产格局尚未得到根本性改观。规模壁垒不高，导致在生产能力严重过剩的情况下新进入企业仍然增多且能够生存的局面。

（3）优势企业盈利率较高。有关人士表明，空调产品的盈利水平要高于其他家电产品。在需求决定增长以及市场环境日益成熟的条件下，缘于资源流动

与企业竞争，尤其是在不存在技术垄断的情况下，这种状况是难以持久的。

以上情况表明：空调需求的价格弹性较大，且优势企业又具有大规模降价的能力，同时优势企业发展潜力大，目前的市场结构又不稳定，因此在产品技术差异不大的情况下，企业利用规模优势展开大规模的价格战以争占市场、扩大份额、提升和稳固市场地位是不可回避的选择。尤其是对于非主导企业而言，要提升市场地位，将别无选择。竞争的优势来源只有两种：一是产品差异，二是市场结构。与优势企业相比，技术角度的产品差异化无疑是非主导企业的劣势，虽然限于规模和盈利水平，在价格上也处于劣势，但在相对盈利水平较高的行业，局限性要小，因此可以结合产品功能上的简化突出价格的作用，与优势企业一比高下。

诚然，对于优势企业而言，选择的余地相对要大得多，尤其是领先企业在短期内可以做它想做的任何事情。优势企业既可以尽量维持现状，以赢得更多的盈利，积累更强的实力，为以后的产品差异化打好基础；也可以大规模地主动出击，以价格为主要手段，争占市场、扩大份额，提升和稳固市场地位。哪种选择更为有利呢？这取决于企业的具体情况以及对长短利益的权衡，不能大而化之，一概而论。在国际化对抗的市场情况下，依据目前的优势市场地位以积累技术和综合实力，道路还很漫长；但如果不如此，一味地以价格战拼“体质”（利润）与“消耗”（实力），最后在与跨国公司的长远较量中结果便很难预料。所以优势企业往往比较慎重，也很困惑。有些人认为，早动早主动，早动比晚动好。还有些人认为，盈利与实力更重要。

随之产生了另一个问题，即便优势企业不想在现阶段拼利润与实力，如上所述，非主流的跟随型企业如果想上升为主流企业，那么它要赢得主动多半是在价格上。有企业要打价格战，主流企业怎么办？

当然，选择只有两种：打还是不打？问题是，不打能行吗？从理论上来说，在市场零售价格透明的情况下，卡特尔价格串谋是能够成立的。也就是说，只要主流企业不为所动，均维持现状，价格战是可以避免的。实际情况可能要复杂得多，原因不仅在于企业情况和行为有别，还在于产品销售的中间环节。即便企业行为能够表面达成一致，但由于企业对中间商的让利水平是不透明的，因此从本质上说，卡特尔价格串谋是不可能成立的；同时，主导企业之间的技术差异（销售渠道与服务的性质和技术相同）不大，在未来可预见的一段时间内也不太可能形成巨大的差距。从总的趋势上来判断，价格战是难以避免的，只是时间早晚而已。

尽管价格战难以避免，业内有关人士仍认为，目前空调行业还没有形成一霸称雄天下的市场格局，因此像彩电那样突然全面降价的可能性不大，除非有特别的变数，如天气情况等。

此外，如何看待空调市场的价格战和价格战爆发的时间，生产企业和有关宏观部门对此也是看法迥异。优势企业认为，企业完全有权自定价格，尤其是竞争性行业；企业规模扩大和技术进步通常也驱动成本下降、价格下调。从这个角度来看，降价是有技术、有实力的企业技术进步和规模扩大的反映，相反，成本、价格降不下来的往往是那些规模小、技术落后的企业，是应该淘汰的企业。弱势企业的意见则恰恰相反。行业主管部门往往从行业整体盈亏的角度出发，尤其是考虑到困难企业的情况，或者是出于对跨国公司竞争威胁的考虑，往往不希望看到企业间的大规模价格竞争，尤其是恶性竞争，总希望能够协调解决争端，尽管结果往往事与愿违。

对此，学术界也争议较大。有人认为这属于行业管制范围，对相关价格应予以干预，但更多的是相反的意见。究竟谁对谁错，大家莫衷一是。尤其是在多寡头为主的多元市场结构以及零售中间环节的半透明价格情况下，对于卡特尔价格默契的相对稳定性还没有一个明确的结论。

从我国行业管理的历史沿革来看，主要是由过去的计划性行政手段演变而为现在的以协调、服务为主的宏观规制，但对如何规制以及规制的具体内容和手段是什么还在逐步摸索和形成之中。与此相对应的是，我国家电行业从大分散的市场格局逐步走向生产的集中化，主要原因并不是行业主管部门规制的结果，而是企业的市场竞争，一批优势企业由此脱颖而出；同时，通过实力的壮大把更多的实惠让给了消费者，把跨国公司所占据的市场份额重新夺了回来。

竞争虽然残酷无情，但只有企业认同并完全承受住这种痛苦，才会有好的结果。这也为国外的管制理论和实践经验所证明。此外，笔者认为，在以多寡头为主的多元市场结构以及零售中间环节的半透明价格情况下，卡特尔价格默契的相对稳定性主要取决于企业行为，只要优势企业有主动出击的愿望和决心，那么价格战就会很快被引发。

（二）价格竞争的趋势是两极化

从目前价格战的情况来看，应该说只是“冰山一角”，才刚刚开始，还仅仅局限于非主流产品；但从大的趋势来看，迟早会延伸到主流产品，而且会呈现两极分化的趋势。

实际上，在商品差异化很小，基本上可看作同质化且其他商品特性包括理化、价格、替代等保持不变的情况下，消费者购买和消费该种商品最大的心理满足应该是消费剩余最大，虽然消费剩余因人而异、因收入及消费数量而异，但只要该商品价格尽可能地低，就可以在尽可能多的人群中引发消费偏好。消费者差异偏好决定于廉价、实用及便于购买。越是生活必需品或者价格弹性大的商品，越是适用于低收入群体。

实际上差异化本身有程度高低之别，差异的程度有两个极端：一是在满足核心属性基本要求的基础上，实现最低的价格，这非常接近以上所探讨的同质化情况；二是在尽可能地满足各种属性要求的基础上，充分体现个别化属性。这种极致的情况，实际上可以表达为昂贵、时尚和尊严。由此，可以得出结论，即在商品差异化的条件下（同样，考虑其他商品特性，只是影响范围、作用大小不同），消费者差异极端偏好的决定性因素有两个：一是廉价、实用及便于购买，而且越是生活必需品或者价格弹性大的商品，越是适用于低收入群体。二是昂贵、时尚和尊严，越是高级品或者价格弹性大的商品，越是适用于高收入群体。

介于两者之间的其他差异偏好，是两种情况的兼顾和综合，既兼顾廉价、实用及便于购买，又兼顾昂贵、时尚和尊严。越是接近中间或者越是价格弹性小的商品，兼顾性越强。越是趋向于高级品和高收入群体（群体规模越大，需求量越大），越应趋于高度属性差异化；反之，越是趋向于生活必需品和低收入群体（群体规模越大，需求量越大），越应趋于高度价格差异化。

就一般意义上而言，空调的确属于高档耐用消费品，且需求弹性较大。实际上，这均是相对于收入和生活水平而言的，从企业的角度出发，可以多角度地来看待商品的属性，这样就可以按照以上的理论性结论得出明确的结论：空调市场的价格竞争将呈现两极化趋势。

（三）谁将成为赢家

既然价格战不可避免，且价格竞争将呈现两极化趋势，那么从企业和消费者的角度而言，关心的就是谁将成为赢家。

要明确具体地回答这一问题难度很大，而且要结合企业的具体情况，在此不妨大而化之地对未来的赢家做些特征性描述。

一是在目前较为成熟的市场条件下，赢家必须具有一定的起点规模和条件，这些因素包括：①在销售渠道建设上有一定优势并能够持之以恒地予以重视，同时注重广告宣传，用透、用足服务牌（因空调涉及更多的售后服务）。②在生产和营销成本上有优势。显然，目前市场有优势的企业更有机会，除非其内部出现重大的经营危机。

二是企业对价格竞争的两极化趋势有很强的预见性及适应能力。以下三类企业会赢得主动：①专门生产面向中低层收入家庭的大众化产品，并能在产品设计、生产和营销成本、渠道建设、广告宣传或服务上有显著特色或者有一定的资源支持，敢于并持续发动一段时间的价格破坏（低于多数企业产销成本的极低价格），并成功达成规模和盈利水平显著增长的企业。②生产面向高收入阶层的差异化产品，并能在技术上形成重要差异的企业。③具有面向中层和中低层收入家庭的大众化品牌以及面向高收入阶层的差异化品牌的多元化产品企业，既能在产品设计、生产和营销成本、渠道建设、广告宣传或服务上有显著特色，又能在技术上形成重要差异。

第四章

“内涵式”做大，还是“外延式”做大？根据何在？如何选择、调整与取舍

第一节 家电产业增长的决定因素与前景

一、分工与合作关系

（一）装配商与供应商

国内家电装配商与配套企业间存在两种不同的分工模式：一是除极少数无能力生产的关键部件外（如彩电行业的显像管、芯片，空调、冰箱行业的压缩机，等等），绝大多数零部件均由装配商自己生产；二是仅有30%~40%（最多50%）的零部件由装配商生产。

采用第二种模式的主要是珠江三角洲和长江三角洲的装配商，而采用第一种模式的主要是其他地区的生产商。

在不同的分工模式下，国内装配商与供应商的关系及其层次也存在明显的不同：一是装配商仅是与零件供应商具有分工意义上的协作关系（单层线性关系），从部件装配到最终装配均由装配商完成；二是装配商与关键部件供应商（一级供应商）、关键零件供应商（一级或二级供应商）、一般部件供应商（一级或二级供应商）、一般零件供应商（三级供应商）形成了多层次、松紧适度的金字塔型矩阵式关系结构。珠江三角洲和长江三角洲的装配商大多偏重于后者，而其他地区的装配商大多偏重于前者。

（二）装配（制造）商与销售及分销商

无论是国外还是国内，家电制造商与零售商的关系均是特许合约关系。零售商作为制造商的代理人，一方面执行制造商的营销计划和销售政策，另一方面又是一个独立的销售组织。

就制造商与零售商关系的紧密性和稳定性而言，国内的情况比国外的情况更为复杂：一方面是零售商的数量非常大，销售能力差异很大，且稳定性强的零售商所占比例较低；另一方面，制造商的市场地位和品牌影响存在稳定性差的问题。因此，一个零售商从一个集团（或品牌）"跳"到另一个集团（或品牌）的情况时常发生，更有甚者，一个零售商同时是几个甚至是十几个集团（或品牌）的代理人，其与制造商的关系是紧密或疏远视各集团（或品牌）当时的市场销售情况而定。20世纪80年代末以前，零售商的销售方法是完全与制造商无关的独立活动（包括销售人员的培训等），但商品及其在物流和零售过程中的资金占用以及所有的售后服务均是由制造商负责的，零售商取得报酬的形式则按销售额提成或按销售额基础上的不同出厂价结算。

此外，在制造商与零售商之间还存在大量的中介性批发商，这是制造商在较短时间内达成大规模零售的必由之路，其往往占有举足轻重的分量。事实上，制造商对零售投入的广告宣传、促销支持等，一般也会得到批发商的大力支持和协助；相反，一般零售商的力量较单薄。

由于销售方面的杂乱和不可控因素，如价格失控和串货频繁等，近年来在制造商与零售商的关系方面有了很大的改进和发展（当然，这也与制造商与零售商本身的成长壮大密切相关），进而促使整个分销渠道发生了显著性改变。

一是分销渠道的中心由大批发商转移到零售商。这正本清源地突出了零售终端作为连接制造商与消费者的最直接的交流平台的作用，对消费者的购买选择产生最直接的影响力。相应地，这一变化对制造商的营销计划和销售政策产生了深刻的影响：一方面是计划决策权由厂家总部逐步下移到区域销售公司，另一方面是促销重点由媒体广告逐渐转向销售现场。

二是大型连锁零售商正日益显示出家电产销链的龙头作用和地位。由于零售商最接近消费者，接受消费者的信息反馈最快，也最直接受益于消费驱动，在消费决定生产、应需而变的时代，零售商所处的产销地位注定了其必然扮演的角色——产销链的龙头。从目前的发展趋势来看，情况也的确如此：在市场中成长起来的一批大型连锁零售商，如北京国美、南京苏宁等，由于具有较大规模的分销能力，一般采用先付货款的订货方式大批量进货以获取成本优势，然后以大批量低价销售以获取同业竞争的价格优势。有时还会对某些制造商（品牌）进行大力扶持或对其采取排斥的做法，从而在区域市场甚至全国市场改变制造商（品牌）之间的实力对比，进而改变市场结构。这一变化显然需要制造商做出有益的战略安排——尽快制定对大型连锁零售商有足够吸引力的利润分享政策和高效率的产销互动计划，与其结成战略联盟。

三是零售商的销售活动与制造商的支持逐渐融合在一起，并开始承担甚至完全独立承担更多的售后服务责任。

四是制造商自建零售网络，集整机销售、售后服务、零配件供应、信息反馈于一体。目前，格力空调专卖店在全国已铺开2500多家。继格力电器之后，尤其是在国美对上游制造商的谈判能力增强之后，不少家电制造商开始自建渠道。

二、企业规模结构

中国家电产业的市场结构正处于由松散寡头向紧密性寡头过渡的阶段。目前，排名前4位的企业占有的市场份额CR4已达60%以上，主要家电产品前

5~6 家厂商已占市场份额的 65% 以上；紧随其后的市场追随者——10 余家企业占 10%~15% 的份额，其余的几十家至上百家市场空隙的补缺者——共同分享 15%~20% 的市场份额，已初步显露出寡头市场的特点。

按销售额排名，海尔集团 2001 年进入全球家电十强，2002 年进入全球白色家电前三名。

三、市场需求

（一）全球需求增长

日本电机工业协会家电需求预测专门委员会早在 2018 年前就预测，全球家电市场需求在 2018 年前会稳定增长，尤其是中国出口比重较大的白色家电，增长略快（因亚洲国家、俄罗斯及东欧国家经济的持续增长，白色家电的普及率需求进一步提高）。

（二）国内需求增长

有关部门的调查数据显示，目前我国城镇居民的家电消费已进入更新换代期，有 40% 以上的城镇居民家庭将在近几年更换现有的电器产品；同时，随着国家一系列鼓励内需政策的出台，预计这两年我国家电市场（城镇）规模将突破 11000 亿元；而农村市场，农村小城镇建设的加速以及推出的政府补贴政策，将加速这一庞大家电需求的启动，尤其是农村冰箱市场将由导入期向成长期过渡。根据测算，农村家电市场规模将达到 6000 亿元，需求比重超过城乡总需求的 1/3，成为需求的重要驱动力量。此外，小家电需求潜力更大：国内城镇居民每百户小家电保有量很低，如吸尘器、消毒柜等均不到 20%，洗碗机不到 1%；而农村市场小家电的需求才刚刚起步。

四、制造商与供应商相互作用关系

近两年，家电制造商与零部件供应商的分工与合作关系有显著改进。

一方面，制造商迫于竞争压力和长远利益，重新考虑并调整了自己和供应商的分工与合作关系。具体包括以下两个方面。

一是从区域布局上重新调整了供应商的结构。尽量实现就近采购与供货，确保订单交付的速度、质量与成本，考虑与供应商实现双赢，做好 SRM 管理，让供应商参与产品的前端设计，实现优势资源的整合，降低各种不必要的额外成本。

二是重新考虑并调整了与供应商的合作关系。提出“让所有供应商都赚钱，不让一个供应商掉队，不让一个供应商亏损”的总的关系原则。制造商压低采购、挤占商品回款等行为得到较大改善。

另一方面，零配件配套企业经过多年来的积累和发展以及市场竞争的优胜劣汰，已形成强大的产业集聚优势，具有很强的制造能力和成本优势，这种集聚优势的形成，反过来促进、巩固和强化了与制造商的分工与合作关系。

我国目前形成了珠三角、长三角和环渤海经济圈三个家电制造集群，这三个产业集群集聚了大量的制造加工企业和零配件配套企业，形成了强大的产业集群优势，特别是广东的空调器、电饭锅、微波炉、电风扇、西式厨房小家电，长江三角洲的空调器、饮水机、电暖气、洗衣机、电熨斗、吸尘器在全世界范围内都占有重要地位。此外，绵阳等地也是家电较为集中的地域，但在规模上还不能与上述地区相提并论。特别是一北一南的两个家电制造中心——山东的青岛和广东的顺德，未来几年集群优势将更加明显。

顺德拥有美的、万家乐、格兰仕等著名家电品牌，冰箱、空调、微波炉、电饭煲、电风扇、电子消毒柜、热水器等家电产品产销量一直居全国领先地位，顺德家电产值占了全国同行业的 10% 以上，是名副其实的全国最大的家用电器生产基地。顺德家电名牌企业的辉煌也造就了家电配件业的兴旺以及方便快捷的物流系统。目前，顺德共有各类家电配件企业 2200 多家，年产值高达 300 亿元。如今，顺德在空调压缩机、电机等电器部件以及家电塑料、家电五金、电线器材、电路板组件、电子元件、模具制造和包装等方面已形成较强的配套能力。

青岛家电企业的数量虽不及顺德，但经济总量已经超过顺德，仅一个海尔的年产值就高达 1300 亿元。与顺德的家电企业相比，青岛家电企业在全国以及全球很多国家都拥有自己的生产基地，在生产战略上有了非常成功的经验。在海外扩张上，青岛家电企业海外自有品牌产品的销售超过顺德，顺德家电产品的海外业务仍然停留在 OEM 阶段，在海外品牌家电市场上青岛制造在某种程度上就等于“中国制造”。

青岛家电制造中心包括青岛海尔集团、海信集团、澳柯玛集团等企业，位于青岛经济技术开发区的前湾港路，在不大的范围内，青岛海尔工业园、海信集团工业园、澳柯玛工业园一字排开。澳柯玛集团总部就设在这里，它的工业园区是全球最大的无氟电冰柜生产基地。海尔工业园是海尔全球第三个工业园区，目前，工业园区的商用空调、特种冰箱、洗碗机、机器人等项目均已投产。海信信息产业园主要生产高清晰度电视、手机等产品，工业园全部建成投产后，产值将占集团全部产值的一半以上。青岛开发区内的外资信息家电企业也逐渐加大了投资力度，生产计算机零部件的三美电机公司总投资超过 1 亿美元，日本的松下电子、韩国南涯电子的电子元器件也争得了更大的市场份额。

总之，顺德和青岛这种区域性内部配套的产业集聚，作为一种新型产业组织形式，既避免了“一体化”和大集团导致的管理成本和代理成本过高的问题，又避免了远距离交易导致的交易成本和物流成本过高的问题。

在产业集群内，制造（装配）商面对的是就近的、众多的原材料供应商与设备供应商，能以更低的成本、更高的要求、更快的速度购买各种投入品，包括各种社会服务和各种人力资源。这种就近、择优选购是一种竞争性的配套关系。它既有垂直整合（内配）的效率，又有更广泛的自主选择性。通过与区域性集聚的众多独立公司的深度分工和协作，环环相扣，使区域经济集结形成一个庞大的产业集团。这个产业集团既形成了总体规模的竞争优势，又形成了高度分工与专业化技术“冠军”基础上的差异化竞争优势。

近两年来，原材料价格持续上升、人民币升值、跨国企业的环保专利贸易壁垒和宏观调控等带来的压力，迫使家电企业与残酷的价格竞争渐行渐远。价格已经不再成为第一竞争焦点，企业回归技术升级、利润主导。受此影响，一方面消费者购物导向的重要指标已由价格转向品牌、品质和时尚的外观造型等消费升级因素，为降低制造商的销售、服务成本，进而提升整个产业盈利能力带来了积极的影响。另一方面，在销售价格稳中有升的基础上，生产进一步集中（近两年来，家电行业的大规模整合日益加剧，CR3、CR4 一直攀升，如空调品牌数目由 2000 年的 400 个逐步萎缩到 2017 年的 50 个左右）后，市场份额居前厂商的规模效益日渐凸显出来，摆脱了 20 世纪 90 年代后期以来全行业销售收入利润率一路下滑，甚至全行业亏损的局面；而且这种优势还会随着需求的增长、市场份额的扩大进一步显现出来，尤其是在技术变化相对缓慢的白色家电方面（核心技术和关键零部件对海外企业的供给依赖较弱，因而规模结构和效益受技术因素的影响较小）。

五、结论及新的变化

中国家电产业内部因素良性互动，已进入新一轮快速增长时期。

2010 年后，内外部因素及其相互作用关系发生了大的变化。内外部因素变化体现在两个方面：一方面，欧美市场还处于恢复期，需求不足，竞争对手增多，环保壁垒提高。另一方面，内需市场增速放缓，结构变化加快，供给增加

（国内各类家电项目重复建设，扎堆上马，产能严重过剩）；同时，生产要素成本快速提升，政府各项刺激政策逐步退出。

内外部因素相互作用关系表现为，良性互动减弱，负反馈增多、增强。

第二节　行业发展的资源与环境制约——以纺织业为例

纺织工业作为18世纪工业革命后世界范围内第一个兴起的最具技术先进性的产业，在世界经济发展过程中曾经扮演了“先导产业”的重要角色。我国纺织工业不仅在解决人民温饱问题和实现小康生活的战略发展阶段，而且在21世纪全面建设小康社会的新时期，一直是对国民经济发展发挥着支柱性作用的传统产业；同时，纺织业也是我国市场化程度高、国际竞争优势明显的产业。

一、纺织工业的发展现状

1978—2018年，经过40年的发展，中国已经成为世界上最大的纺织品生产国、消费国和出口国。2017年，规模以上纺织企业主营业务收入达到68935.65亿元，占全国规模以上工业的5.9%，不考虑统计口径等变化带来的影响，为1978年的140多倍。纺织品服装出口2745.1亿美元，是1978年的127.4倍，占全国出口总额比重12.13%；全行业净创汇2419亿美元，占全国的57.3%。

我国纺织业以中小型企业为主体，在经济规模突出的行业平均规模偏小，劳动生产率低。以涤纶为例，欧盟、美国、日本、韩国的工厂平均生产能力分别为我国的 3.5 倍、12 倍、30 倍、35 倍，化纤人均产量是我国的 5 ~ 10 倍。[①]

我国纺织业工艺、技术装备差，产品开发能力弱，带来的直接结果是产品结构偏低。我国纺织品主要集中于低附加值、高消耗的资源和劳动密集型产品。

纺织产品的竞争力在一定程度上决定于纤维原料的质量与品种，以及纺织、染整工艺、技术和装备水平。我国纺织业，首先是纤维原料的质量与品种不能适应后加工产品的要求，制约了中、终端产品的开发创新和国际竞争力。如国产化纤，不仅差别化率低，功能性纤维比重小，而且新型绿色纤维尚处于科研跟踪阶段。其次，我国纺织工业总体技术装备水平不高。在现有棉纺纱锭中，20 世纪 90 年代的先进设备约占 40%，20 世纪 80 年代及以前的设备约占 60%。我国纺织生产技术总体上还是以手工操作为主要特征的传统技术。[②]

我国纺织工业的研究与开发水平低、创新能力不强是制约其发展的“瓶颈”。多年来，影响我国纺织产品上档次的关键技术问题，如深加工、后整理技术，一直没有重大突破。在新技术的研究与开发方面，如多组分纤维、复合纤维、改性纤维、高仿真纤维、新合纤技术、新溶剂无毒纺丝技术，我国纺织业就更为滞后，甚至尚属空白。

此外，在品牌与市场销售网络方面的差距更大。发达国家纺织服装业的调整和生产转移，除了仍控制着纺织服装贸易的高附加值领域，还控制着纺织服装的最终销售网络，由此不同程度地控制并受益于发展中国家纺织服装工业的廉价资源与劳动。我国纺织产品出口几乎完全依赖进口商的市场网络与品牌，

① 王英霞 . 我国纺织工业面临的问题及对策 [J]. 现代商业，2016（25）：50–51.

② 梅自强 . 大力推进我国纺织技术现代化 [J]. 上海纺织科技，2014（4）：1–2+4.

很少有自己独立的品牌和营销网络。①

从总体上而言，我国纺织工业发展尚未摆脱“外延”数量增长模式，以技术创新为主要特征的核心竞争力严重不足，产品档次、技术水平和附加值均很低，主要依靠劳动力和资源比较优势以及高投入、高消耗基础上的低成本竞争，经济增长的质量不高，纺织大国“大而不强”“多而不精”。

二、我国纺织业发展的资源约束

纺织业基本上属于资源加工型产业，在很大程度上依赖棉、麻、丝、毛等天然纤维资源以及生产人造纤维、合成纤维的石化原料资源，对能源和水资源消耗也很大，产业越是高速发展，与可供资源的矛盾就越突出。

（一）天然原料的供给不足

我国棉花产区主要集中在华北平原、淮北平原、长江中下游及新疆棉区。20 世纪 80 年代初期，棉花产量大幅度增长，1984 年总产达到 625.8 万吨，为历史最高水平。目前，植棉面积总体稳定在 530 万~550 万公顷，占全国耕地面积的 3%~4%，产量为 420 万吨左右。植棉总产值占整个种植业总产值的 7%~10%。

我国麻类作物主要有兰麻、亚麻、红麻、黄麻、剑麻、大麻。其中，兰麻是我国特有的麻类资源，主要分布在长江流域，常年种植面积为 10 万~20 万公顷，纤维总产量达到 25 万吨，产量占世界的 90% 以上，历史上最高种植年份达 55 万公顷。亚麻主要分布在东三省和内蒙古、甘肃、宁夏等地，常年种植面积为 10 万~15 万公顷。黄麻、红麻主要分布在黄河与淮河流域、长江中下游和华南地区，种植面积年均在 20 万~25 万公顷。在我国黄麻最高种植面

① 王英霞 . 我国纺织工业面临的问题及对策 [J]. 现代商业，2016（25）：50-51.

积曾达 100 万公顷，原麻产量位居世界第二。

毛类产品属于养殖业，我国是世界第二大产毛国，仅次于澳大利亚，常年绵羊养殖头数为 13000 万只左右，产量达 28 万吨左右。

蚕丝业是我国的传统产业。蚕丝业发展顶峰时期的 1994 年，我国桑蚕鲜茧产量高达 77.69 万吨，占当年世界总产量的 77.4%；全国有 26 个省、直辖市、自治区约 1200 个县（市）有养蚕业，养蚕总农户 1800 万户，桑园总面积发展到 116.7 万公顷，发种量达 2750 万盒。①

我国纺织业的快速发展促进了天然纺织原料消费量的增长。改革开放以来，我国纺织业对天然纺织原料的需求不断扩大，但国内天然纺织原料的可供能力和数量一直处于徘徊波动之中。

1. 棉纺织业

我国棉纺织业所需的棉花数量持续增长，且增速远远高于全球其他国家，导致棉花价格持续上升。与棉花需求不断增长情况不同的是，国内棉花产量一直处于徘徊波动之中。由于国内可供能力和数量上的缺口，近年来我国的棉花价格一度远远高于国际价格并连续多年成为全球棉花的最大进口国。产量和需求之间的缺口、进口量的剧增、棉花价格的大起大落，对国内纺织业的运营产生了巨大影响。

2. 毛纺织业

毛纺原料国内可供能力和数量上也有缺口。由于国内产量近年来一直较为平稳，而需求又不断增长，我国毛纺行业所需羊毛 75% 依赖进口，其中澳大利亚羊毛占进口总量的 70%，澳大利亚羊毛价格的波动是影响毛纺企业效益

① 赵绪福 . 农业纺织原料与纺织产业的关联及其发展分析 [J]. 四川纺织科技，2013（4）：10–15.

的重要因素。

3. 麻纺织业

麻类原料国内产量一直处于下降状态。由于需求的不断增长，原料问题一直制约着我国麻纺织业的发展，60% 的亚麻原料需从国际市场进口，苎麻原料价格则是暴涨暴跌。近年来企业多头采购，竞相抬价，导致原料价格大起大落，严重影响了行业经济效益。

（二）我国化纤原料的短缺与生产成本、品种结构问题

长期以来，我国的化纤原料发展滞后。改革开放 40 多年来，我国纺织业大量引进和自主开发全球纤维生产技术，使我国的化纤产量由 1980 年的 45 万吨提高到 2013 年的 1181 万吨，占全球产量的 1/3，一跃成为全球第一化纤生产大国。化纤产量的增加以及化纤技术的进步使得其对天然原料替代性增强，在很大程度上改变了我国纺织工业的纤维供应结构。

虽然我国已成为全球最大的化纤生产国，但仍然存在很多问题。一是原料加工（原料的下游加工环节）能力强，但原料本身的生产发展滞后，供应缺口大，进口依赖性强且成本高。因此，尽管化纤产能和产量继续快速增长，但由于产业链内的供求失衡比较严重，如 PTA、EG 原料的自给率只有 40% 左右，化纤原料缺口问题愈加严重。化纤原料的问题已严重地影响到整个纺织产业的健康发展乃至产业安全。我国纺织品的竞争力在很大程度上取决于原料成本，原料成本的居高不下已成为我国纺织业的切肤之痛。二是国产化纤加工质量不高，品种不合理。国产化纤差别化率低，功能性纤维比重小，高性能纤维依赖进口。发达国家化纤差别化率一般在 45%，而我国仅为 20%，甚至低于东南亚国家。近年来，在几大主要化纤产品的对外贸易中，粘胶长丝是唯一有贸易顺差的产品（且其原料 50% 也依靠进口），新型绿色纤维尚处于科研跟踪阶段。

总之，纤维原料短缺、质量不高、品种不合理制约了后加工产品的开发创新以及国际竞争力的提高。

（三）能源紧张，水资源匮乏

纺织工业各工艺环节都要大量用水、用电，对能源、水资源的消耗也很大。我国是人均资源，尤其是水资源匮乏的国家，近年来随着工业生产的持续迅猛发展，煤、电、油、运资源和能力不足导致的能源紧张与工业用水大量增加导致的水资源紧缺的矛盾越来越突出。

（四）我国纺织业的资源利用效率较低

统计资料表明，我国天然纤维产品的能源单耗比国外低，如棉纱耗电，国外先进水平为 3588kWh/T，我国平均水平为 2248kWh/ T（因我国天然纤维的生产基本上是劳动密集型的）。化学纤维产品的能源单耗则比国外要高得多，如粘胶短纤耗能，国外先进水平为 1877kgCe/T，我国平均水平为 2958kgCe/ T；粘胶长丝耗能，国外先进水平为 4530kgCe/T，我国平均水平为 11283kgCe/ T。在化学纤维使用量越来越大的情况下，资源利用效率低的问题更为突出。

我国纺织工业的水耗高，重复利用率低。纺织各行业的用水量因生产条件、品种、规模和地区差异会有所不同，万元产值用水量为 60~300 立方米。根据有关调研资料，我国纺织工业的水重复利用率平均为 27.5% 左右，间接冷却水循环率为 78.5% 左右，工艺水回用率为 28% 左右，蒸汽冷凝水回用率为 26.9% 左右。①

此外，我国纺织业在纺织品回收再生利用方面更为落后。采用现代科学技术，可以有效提高对残废物料的回收利用。如化学纤维中的聚酯，除加工成涤

---

① 蒲丛丛，崔营海，乔志洁，等 . 环保风暴对纺织印染行业的影响及应对方案 [J]. 资源节约与环保，2019（8）：148.

纶纤维外，还可加工成包装瓶和薄膜，使用回收后，经再加工可纺成纤维，用于制造地毯和非织造布；棉纺织中的下脚、回花等废料可用于气流纺和摩擦纺，纺制粗支纱，用于非织造布生产，可制造棉絮和包装材料、家具材料等；洗毛废水可以回收羊毛脂，用于医药和化妆品工业；丝绸厂下脚也是绢纺原料；煮茧废水可提炼丝素膏；等等。

总之，就纺织产品生产全过程而言，以单位产品计算，我国能源和资源消耗比发达国家，如美国、日本等高 1~2 倍，而劳动生产率仅为国外的 1/8~1/3，差距极为明显。

三、我国纺织业的环境污染严重

（一）纺织业的环境污染源

从纺织工业整个生产过程——纺织原料到中间产品及最终产品的投入、生产和产出来看，因工艺上的开放性、非循环性和过程控制能力的有限性，各环节均涉及与环境的密切交换关系，其中噪声的产生，废水、废气的排放就形成了主要的环境污染源。

1. 原料

在纺织生产中，纺织原料含杂是污染源之一。一是天然纤维如原棉、原毛、蚕丝、原麻等均含有杂质，这些杂质在纺织加工前必须先行去除，被除去的这些杂质即成为污染源。二是人造纤维如粘胶纤维，在制备过程中会产生有害气体及残渣，从而成为污染源。三是合成纤维在纺丝过程中为赋予纤维以柔软、润滑等性质，一般须添加各类油剂，同时合纤本身含有低聚物，在后续的纺织加工中也会溶出，从而成为污染源。

2. 生产过程

纺纱和织造过程中会产生很大的噪声，不仅破坏了安静的环境，而且危害工人健康。我国规定工业噪声标准为 85 分贝，而目前我国纺织企业中，噪声一般在 95 分贝以上，尤其是有梭织机，噪声高达 100 分贝以上。除噪声污染外，纺织过程还会造成大量的空气污染，如原毛的分拣、洗毛车间中杂质（含纤维碎屑、泥土、细菌等）飞扬，人造丝纺丝车间的 CSZ，腈纶纺丝车间的氰，棉纺车间的棉短纤、尘屑，织布车间的污浊空气，等等。

3. 印染

印染行业是环境污染的大户。在传统的前处理过程中，传统的染色、印花工艺是将纤维或织物在染料的水溶液中加压，需要大量的水进行退浆、精炼、漂白、丝光及洗涤，不仅费水、耗时耗能，而且因为染料的上染率并非百分之百（较低的只有 60%~70%），总有部分染料残渣与染色时加入的添加剂（如盐或表面活性剂）随废液排出，成为废水中的主要污染源；同时，用于废液处理的费用，如使用废水处理相关设备、废液排放的监测及毒性测试等支出越来越高，无疑大大增加了成本。

4. 后整理

织物经各种功能整理（通常是化学整理）后，虽然外观、品质有所改善，但还有一些有害的化学药品残留在织物上，危害人体健康。①

此外，纺织行业用气所需的约 2 万台锅炉（总蒸汽容量约为 6 万吨），绝大多数以煤为燃料，这些煤含有一定量的硫，在燃烧过程中排放出大量的燃烧废气、二氧化硫和烟尘，也成为重要的污染源。

---

① 王婷．纺织印染项目污染防治实例分析 [J]. 资源节约与环保，2019（6）：82.

（二）纺织业的环境污染

长期以来，我们采取“边污染，边防治”的做法，同时环境治理基本上以“末端”环节处理为主。这种传统的控制不仅费时费力，费用高昂，收效不大，而且随着生产的发展，环境污染的程度与治理能力的矛盾越发突出。

纺织工业的废水、废气和噪声三大污染源给环境带来的影响很大，其中尤以棉纺印染、后整理环节的废水污染最为突出。化纤生产所产生的废水对环境的影响就更大，由于国内很多企业的技术、设备水平较低，其排放的“废水”大多未达标，且其中相当一部分还是采取直排方式（不少纺、织、印染企业，为了眼前利益而置社会环境与长远利益于不顾，在无配套的污染处理设施情况下进行生产，将大量废水直排进入河道），从而造成越来越严重的环境问题——水体污染已严重影响了农业生产和人们的生活。[①]

近年来，纺织行业废水排放总量一般都在 11 亿吨以上，在国内各类工业废水排放量中约占 6.5%，位于各行业废水排放量的前 10 位。COD（化学需氧量）排放量约为 30 万吨，约占全国工业排放量的 5%。

纺织工业的废气和噪声，尤其是棉纺织行业的噪声污染是目前存在的比较严重的工业污染问题之一。棉纺织厂由于大量使用有梭织机，厂内噪声达 90 ~ 106dB（A），而人耳对噪声的最大允许值仅为 85dB（A）。超过了人耳对噪声的容许极限，故对工人的听力损害特别严重，听力损伤可由听力下降逐渐发展为噪声性耳聋。此外，噪声还可引发神经系统、心血管系统、消化系统及生殖系统等多种症状，甚至是行为功能损害、视觉反应时间延长、阅读能力下降、思维受影响等症状，这些症状将随时间变化愈加明显。目前，全国有 70 多万台织机还在投入使用，其中绝大多数还是 20 世纪 80—90 年代的设备，由于资金和技术原因，相当一部分小企业还在使用这些落后设备，加上生产过程

① 赵君丽，王芳芳 . 环境规制对中国纺织产业升级的影响研究 [J]. 生态经济，2017（6）：78-84.

中噪声得不到有效的控制，每天有近百万名织布工人暴露在这种强噪声污染的环境中。[①]

就整个纺织工业来讲，其生产过程对环境的破坏已经到了很难治理的程度，而且这种污染破坏还有进一步加剧的趋势。

此外，天然纤维、人造纤维的生产主要依靠农牧业产品及其副产品，其生产活动基本上还是粗放式的，严重依赖土地、水、光、热等资源，并越来越多地使用化肥、杀虫剂等化学制品，从而使生态环境受到很大程度的污染或破坏。如近几年市场走俏的羊绒制品，其生产严格受草原面积及其质量的限制，而一些地方盲目扩大羊群规模，导致草地被过度啃食，严重地影响了草地自身的再生恢复能力，大大加快了草地的沙化速度。

四、绿色壁垒的挑战

绿色壁垒，是以保护自然资源、生态环境和人类健康为名，通过制定一系列复杂苛刻的环保标准，对来自其他国家的产品及服务设置障碍，以保护本国产业的一种新型的非关税壁垒。

（一）绿色壁垒的成因与特征

绿色壁垒是新贸易保护主义和环保运动结合的产物，其形成有深刻的历史背景和现实原因。

（1）对可持续发展理念的重视。在自由贸易的理念支配下，各国不计环境成本，片面地追求经济增长，对人类赖以生存的环境造成了巨大的破坏。面对严峻的局面，人们对环境的态度发生了明显的转变。

---

① 宋歌，刘胜男，孟超. 环境规制对安徽纺织业国际竞争力的影响 [J]. 合作经济与科技，2020（7）：16–19.

（2）人们消费观念的更新。对绿色产品需求的扩大，是绿色壁垒形成的内在原因。人们在解决了温饱问题后，开始注重生活的质量，对各种绿色食品、生态能源、无污染产品等绿色消费的比例不断增加。

（3）发达国家的贸易保护主义重新抬头及WTO有关规则的漏洞。近年来，由于经济增长缓慢、失业压力增加、优势产业空心化等影响，发达国家的贸易保护主义重新抬头。[①]

绿色壁垒具有其他非关税壁垒所不具有的特征。

（1）表现内容上具有合理性。保护环境、自然资源和生命健康符合可持续发展的历史潮流，也迎合了绿色消费的需要，且有国际公约和国别法律、法规等公开立法为依据。

（2）保护对象上具有广泛性。不仅包括初级产品，还包括有关中间产品和工业制成品等几乎所有产品。不仅对产品本身的质量有限制，而且对产品从生产前的设计到消费后的最终处理都有限制。

（3）保护方式上具有隐蔽性。不像配额、许可证等非关税壁垒，虽然限制贸易，却还有一定的透明性；而绿色壁垒的透明性弱，使出口方难以预见其内容及变化而难以对付和适应，但又不易产生贸易摩擦。

（4）实施效果上具有歧视性。有些国家根据自身与其他国的具体贸易状况而采取不同的手段，使国民待遇原则受到扭曲。[②]

（二）绿色壁垒的高标准

尽管人们都认同可持续发展的理念，但在如何实现上不尽相同。发达国家由于经济发展水平和环保技术水平较高，其环保要求和标准也较高。发展中国

---

① 胡书芳，张军璞．环境规制对浙江纺织产业发展的影响 [J]. 中国经贸导刊，2016（2）：18-20.

② 邹伟勇，张丽苹，罗元政．环境规制对纺织经济效率的影响 [J]. 武汉纺织大学学报，2018（6）：63-68.

家由于资金和技术上的限制，根本无法达到发达国家的环保要求；同时，发达国家利用环保标准作为抵制进口的贸易壁垒（繁杂苛刻而多变），从而与发展中国家较低的技术水平和环保标准形成了巨大的反差。

目前，绿色壁垒有两种：一是针对纺织品服装从设计生产到报废回收的全过程中对环境的影响所设置的壁垒，主要要求企业建立实施环境管理体系以及对产品实施环境标志和声明；二是由产品本身对消费者的安全和健康影响所引发的壁垒设置，即要求纺织品和服装不能对消费者的健康产生影响。①

目前，最重要的标准是“Oko-TexStandard100”（或称生态纺织品标准100）。该标准由欧洲纺织检测机构共同组成的国际纺织品生态研究和检验协会于 1992 年颁布，在国际上影响最大，使用最广泛，最具权威性。它具有严格而详细的纺织品环保项目和测试方法的规定要求，其检测项目有甲醛、偶氮染料、pH 酸碱性、五氯苯酚、卤化物载体、杀虫剂、染色牢度、挥发性化合物释放、特殊气味类（如霉味）以及重金属砷、镉、铬、铜、钴、铅、汞、镍等。

与我国现行纺织品标准相比，“Oko-TexStandard100”的显著特点在于对纺织品中的生态毒性物质做了明确、定量的规定。我国的一些标准则目标不明，要求偏低，有些指标尚未与国际标准接轨。

（三）我国纺织业面临的挑战

我国是世界上最大的纺织品和服装生产国，纺织工业的生产能力和产量规模远远超出国内需求，同时纺织工业也是我国市场化程度、外贸依存度高且国际竞争优势明显的产业。因此，通过国际贸易方式释放国内过剩的生产能力，既是纺织工业的长期发展战略，也是国家现代化赋予纺织业的重要任务。发达国家将环境问题与贸易挂钩并作为新的贸易壁垒的做法，对此构成了严峻的挑战。

---

① 马晓红．埋伏三：技术壁垒障碍重重 [J]. WTO 经济导刊，2014（8）：39-40.

我国是发展中国家，尽管近年来经济发展迅速，但由于在环境标准制定、实施以及资金投入、环境技术水平等方面与欧美日发达国家存在较大差距，且由于出口对象主要是发达国家，出口产品集中在低附加值、高能耗的资源和劳动密集型产品上，价格是产品竞争力的主要指标，因而按照欧美日发达国家严格的环保标准，我国纺织服装业相当一部分产品存在环保质量问题（残留有污染物质，如丝绸服装偶氮染料的残存），成为我国出口行业中最容易遭受技术壁垒打击的行业之一。如果采取严格的环境标准以及符合环境要求的生产工艺和生产方法，一是国内已取得 ISO14000 国际环保标准体系认证——“绿色通行证”的企业很少，大多数纺织企业一时还难以适应，其难以适应的原因是，我国纺织业长期以来推行的是“外延式”发展，技术开发、创新及投入不足。纺织企业技术及生产设备严重落后，产品技术含量低、附加值低，不仅落后于发达国家，也落后于新兴工业化国家；同时对“绿色壁垒”的重要性及影响范围和程度认识不足，对于生态纺织品的研究、生产和开发重视不够。此外，纺织检验长期以来习惯于对一些传统项目进行检验，检测设备相对简单，精度要求不高，缺乏与国外同行的技术交流与合作，纺织检验技术的发展更为滞后。尤其是一些中小弱势企业，可能限于技术能力，退出原有的出口市场。二是将会大大提高产品的成本和价格，最终必将影响和降低我国纺织品出口的竞争力。

近年来，我国纺织品遭受的各种技术壁垒数量之多、涉及面之广都是前所未有的。随着后配额时代的到来，贸易保护会以更多的形式表现出来，靠着价格低、以量取胜的增长方式必然受到遏制。

第三节 模式的转型升级

一、格力电器

格力电器的模式转型升级很有特点，就是在管理能力提升的基础上专注于技术因素，主要依靠技术创新和新产品开发驱动市场份额的增长。

为了培育“技术创新抢占制高点”的核心能力，格力电器每年拿出几千万乃至上亿元，投入新产品的研制开发上，在空调产品的研发水平上始终处于行业领先地位。累计拥有专利8000多项，其中发明专利2000多项。每年向市场推出众多极具竞争力的新产品，至今已开发出包括家用空调、家庭中央空调和商用中央空调在内的20大类、100多个系列、3000多个品种规格的产品。

此外，一方面在核心零部件均能自主生产的情况下，进一步提高上游配套能力，建设了钣金、注塑、模具等配套工程，基本上完成了产业链纵向一体化的布局。另一方面，向下游发展，提高对产业链核心环节——市场和营销的掌控，建立厂商（以经销商大户为中心）之间的营销联盟，形成利益共同体。

二、美的电器

美的电器的模式转型升级与其经营战略和策略一样，也有鲜明的特点。在依次取得单一大类产品和相关多个产品上的战略突破（包括横向一体化扩张）后，进行全程产业链的重新布局和调整。首先是从以企业为中心向以用户为中心转变，从产品制造向“制造＋服务”转变（按国际一流企业标准，建设信息化企业，包括更富有弹性和伸缩能力的组织结构、风险控制机制），全面实现转型升级。再结合整体规模和实力，构建竞争壁垒。

三、海尔集团

海尔集团的模式转型升级与其平台型战略——全程产业链、全系列产品紧密相关，也是平台型的，主要内容包括三大部分。

（一）强大的柔性制造能力

海尔集团模式的转型升级较早，其特色之一就是建立了强大的柔性制造能力。所谓柔性制造能力，其核心就是最大限度地实现零部件标准化、模块化，就像搭积木一样造家电。首先将家电产品拆分为标准化的组件，这些组件就是模块，然后用模块组合出需要的各种产品。零部件标准化、模块化，一是意味着单个零部件通用性增强，因而需求和生产量就会变大，这样一来，在规模效应下，生产单个零部件的效率就会相应地提高，同时便于零部件生产工艺和材料等各个方面的改进，促使成本下降。二是意味着生产线的标准化和模块化。生产设备的标准化和模块化，使得生产速度加快，设备的投入成本降低，生产的质量和效率以及对市场需求的及时响应能力得到提高。近年来，海尔集团在模块化上取得了长足的进步，积累了丰富的经验，形成了平台式强大的柔性制造能力。

（二）准确、及时地把握市场需求的能力

在生产能力过剩、需求短缺的背景下，转型就是改“以企业为主”到“以用户为主”。互联网时代不仅需求短缺，而且需求变化快，又非常“零碎”。要

满足这些变化快又非常“零碎”的需求，一般性的“扁平化”企业组织架构是难以达成目的的。

海尔集团的模式转型升级特色之二就是建立、实行了“人单合一模式”。将集团8万多名员工裂变为2000多个自主经营体，每个员工及经营体都围绕用户的需求进行自运转、自创新、自驱动，最大限度地提升了准确、及时地把握市场需求的能力。

（三）全面领先竞争对手的技术能力

海尔集团的模式转型升级特色之三就是建立了全面领先竞争对手的技术能力。这种能力除来自海尔集团强大的R&D（研究与开发）投入（占营业收入的4%）以及创新精神外，还来自全球布局、资源整合的信息和技术研发平台。海尔集团在中、亚、欧、美、澳等发达地区建立了五大研发中心（在首尔、东京、里昂、洛杉矶、蒙特利尔、阿姆斯特丹、硅谷、悉尼、中国台北、中国香港等地建立了10个外部信息中心），能够快速、准确地在全球范围内找到消费需求，并有针对性地研发出满足不同人群需求的产品；同时这些研发中心也为海尔集团在全球范围内获得最高水平的智力支持提供了支撑。

第四节　存在的问题——以家电企业为例

随着家电行业竞争的白热化，经营利润持续走低，由此拉开了诸多家电企业实施战略转型的大幕：从价格战转向价值战，打造高端形象，提高产品售价。然而，在企业转型工作深入推进的同时，其中存在的问题也日益凸显出来。

（一）“高端智能化转型”效果不佳

注重对产品本身升级和创新的企业大多具备雄厚的资本和尖端的技术，对产品的不断升级可以让其在市场上获得先机，进而提升产品和品牌的竞争力。如三星，在提升洗衣机的洗涤技术和洗涤效率上，创造性地提出“泡泡净”“泡泡顽渍浸”技术以及“超快洗”功能，利用技术的创新提升了洗涤效率，缩短了洗涤时间，使产品更具竞争力。在完善冰箱的制冷技术和降低箱体内温差浮动上，三星推出了全新的“3–2–1”制冷方案和精控保鲜技术，大幅提升了冰箱的制冷效率和保鲜能力。对技术的极致追求以及对产品品质的不断升级是这一类型的企业赢得未来市场的有力武器。

我国家电行业已经完成产品由低端向中端的转换，有的企业甚至已经形成自己的风格体系。然而，在高端产品领域，我国家电企业的技术积累、长线技术投入以及综合实力仍落后于博世、三星、西门子等业内国际巨头。我们这种跟随型企业，虽有足够的时间追赶世界先进技术，并在一定时期内达到与国际先进水平基本相当的水平，但是没有重大原创技术的企业不可能引领技术更新换代。跟随型企业虽然可以做大，但不可能真正成为行业的领跑者。从产品竞争力来看，我国的高端品牌仍只能在国内市场“打天下”，无法“走出去”。

智能化转型仍显不足：一是国内大多数家电企业目前仍然集中在智能单品和智能家居平台的构筑上；二是无论是智能单品还是智能家居平台和系统，目前真正被消费者接受和使用的少之又少。例如，物联网空调、洗衣机，可以通过远程控制参数设置、使用习惯用户定制、智能诊断等智能功能。不少消费者表示，这些操作并不能让自己有尝试使用的冲动，也没有带来真正的便利，而且设置、操作相比过去简单的按钮反而更复杂，图省事的人干脆不用。

（二）私人定制尚处于起始阶段

家电私人定制如今逐渐成为市民个性化消费的新方式，也成为家电企业市场营销的新手段。目前，家电生产企业大多是采用固定的流水线进行成批量生产；而私人定制所要求的是为某一个性化产品单独开设一条生产线，这对投资、人员分配、售后及成本控制都有着严格的要求。从目前来看，由于各种原因，一些家电企业推出私人定制还存在诸多障碍：一是只着眼于外表，如尺寸、材质、颜色等方面，而对于内部结构的个性化定制客户满意度不高；二是一些企业私人定制家电产品缺乏相应的多套菜单提供选择，客户感到“面窄”；三是一些私人定制家电产品定价太高，售后服务更是让人担心（售后服务作为家电产业在互联网时代变革转型的最后一环，却是至今以来一直没有发生过重大变革与创新的领域）。

（三）零供矛盾突出

大型连锁零售商正日益显示出家电产销链的龙头作用和地位。由于零售商最接近消费者，接受消费者的信息反馈最快，也最直接受益于消费驱动，在消费决定生产、应需而变的时代，零售商所处的产销地位注定了其必然担负的角色——产销链的龙头。

较长时间以来，国内大部分零售商凭借其市场终端地位“店大欺客”主要表现在两个方面：一是在供销合同中增加了很多“霸王”条款，如向供应商收取包括进店费、上架费、条码费、堆头费、店庆费、促销费、活动费、销售折扣等在内的各种“进场费”。二是较大规模的零售商大多采用代销方式。由供应商提供产品，并由供货商派销售人员在其店内进行销售；销售不完的产品则退回给供货商，零售商不承担任何费用，售后服务也完全由供货商承担。总之，零售商不承担费用和风险，完全由供货商承担。零售商的这种“霸王”条款和代销方式不仅使各种费用追加到商品价格上——最终转嫁给消费者，而且大大增加了供货商的经营成本和风险。供应商怨声载道，零供关系恶化，矛盾突出。

（四）商业模式创新较为单一

多年来，我国家电企业的商业模式较为简单，依靠“大规模制造、低成本运作”赚取制造环节的利润，让制造变成了企业赚钱的唯一工具。当前，如何推动企业从制造业向服务化转型，如何从单一的产品制造商向系统集成商扩张，如何从紧跟市场需求更多地向刺激并开创市场新增需求跨越，是值得重视的问题。

（五）服务支撑体系建设滞后

服务是个大系统，对企业综合能力提出了更高的要求：一是强大的物流体系，二是遍及全国乃至乡村的分销网络，三是售后服务体系的建设。这就给家电企业提出了一个紧迫又艰巨的管理转型命题。

（六）低价、无序竞争挫伤了企业自主创新的积极性

低价、无序竞争挫伤了企业自主创新的积极性，具体体现在以下几个方面：一是家电企业长期以来依靠价格取胜。产品供过于求、竞争激烈的状况客观上降低了自主创新的实际价值。二是市场上侵犯知识产权的违法行为屡禁不止，中小企业维护自身形象和利益成本高昂。三是一些地方政府和部门为保护本地市场和企业，不惜利用行政、经济乃至技术手段，限制商品自由流通。这些情况均严重挫伤了部分家电企业自主创新的积极性。

第五章

“内涵”增长的产业技术经济基础、转型路径与行业“外延”增长空间

第一节 “实验室经济”现状与转型路径

技术创新和科研成果转化是企业在激烈的市场竞争环境中取得竞争优势的关键所在。技术创新理论最早始于熊彼特，1912 年他在其著作《经济发展理论》一书中指出，技术创新是指把一种从来没有过的关于生产要素的“新组合”引入生产体系，通过这种“新组合”实现技术水平的提升。技术创新不仅需要知识，更需要具备将知识转化为技术的能力，而企业是创新活动的灵魂。无疑，在企业通过技术创新的方式取得市场竞争优势的过程中，实现由知识到技术的转化和由技术到产业的转化是最重要的两个环节。改革开放以来，虽然我国各高等院校和科研院所以产学研合作的形式通过各种模式向企业进行技术的转移和扩散，实现技术与市场的对接，但在这两个环节上始终没有很好地衔接，技术产业化水平极低。

如何有效地实现知识——技术——产业的有效衔接，不仅是企业孜孜以求的目标，也是高等院校和科研院所共同努力的方向。企业“实验室经济”模式正好弥补了当前产学研不能有效衔接的缺陷，成为当前企业技术的创新模式。在该模式下，企业依靠自建的实验室或与高等院校、科研院所的实验室紧密联合，让知识转化为技术，让技术生成产业，形成自己的核心技术与知识产权，成为市场上的自主创新主体，从而提升企业的核心竞争力。由于该模式将企业敏锐的市场导向性与高等院校、科研院所创新的科学技术紧密结合在一起，既充分利用科研院所高端技术人才优势，又面向市场需求，极大地提高了高新科技成果的转化率，因此该模式越来越多地被国内外各大企业所采用。典型的如美国的贝尔实验室（美国众多重大发明的诞生地），其发明和技术创新使朗讯科技公司在通信系统、产品、元件和网络软件方面处于全球领先地位。国内企业如华为集团、海尔集团、中信集团等纷纷投入大量资金和人力，建设自己的实验室和设计院，通过技术创新提升企业在国际市场上的竞争力。

一、企业“实验室经济”发展现状

企业“实验室经济”的雏形最早可以追溯到18世纪中叶英国第一次工业革命，19世纪下半叶20世纪初在美国发展成熟。美国是“实验室经济”的典型代表，拥有一大批享誉全球的著名实验室，如劳伦斯伯克利国家实验室、贝尔实验室、拜耳实验室和喷气推进实验室等，这些实验室因研制出代表世界前沿科技最高水平的科技成果，成为美国众多重大发明的诞生地，为美国经济和科技的发展做出了巨大贡献，并成为美国企业在激烈的市场竞争中获取持久和强大竞争优势的源泉。

我国于1984年开始组织实施国家重点实验室建设计划，之后陆续出台了一系列相关政策措施。

近年来，我国实验室规模发展较快，根据融合查统计，截至2020年5月，正在运行的重点实验室达542家（包含中国的香港和澳门）。这些实验室拥有先进的仪器设备，承担了大量国家重大科研项目，是我国基础研究的骨干基地，为我国科技和经济发展提供了强有力的技术支撑。分布领域广泛，涵盖数理、生物、医学、地学、工程、信息、化学、材料等多个领域，分属教育部、中国科学院、工业和信息化部、农业农村部等多个部门管辖。企业实验室专注于行业前沿技术以及共性关键技术的研究，为企业的技术进步以及产业国际竞争水平的提高做出了巨大的贡献，成为企业技术创新的尖兵，同时为企业的健康稳步发展保驾护航。如长春百克生物科技有限公司依托企业实验室强大科研力量的支撑，推出自主研发的冻干水痘减毒活疫苗和人用狂犬病疫苗，在金融危机的冲击下，公司利润不仅没有受到影响，还首次突破销售收入过亿元的纪录。

此外，为了发挥科技对经济的拉动作用，使科技最大限度地服务于产业，服务于市场，我国企业还积极地通过共享、共建实验室等多种方式推动企业前沿技术和关键技术的开发与攻关，提升企业的自主创新能力。如中信国安盟固利电源技术有限公司与北京大学共同出资建立了基础实验室；首都钢铁公司与钢铁研究总院、北京科技大学、东北大学等科研院所或高等院校分别成立了联合研发中心，共同出资研发；辽源市彤坤系能源科技有限公司与东北师范大学材料化学研究所投资 200 万元资金合作研究锂离子电池；山东荣成凯丽特种纸股份有限公司和华南理工大学资源科学与造纸工程学院制浆造纸工程国家重点实验室联合组建了山东省特种防伪纸工程技术研究中心，并开发出 200 多个品种的防伪纸和充皮纸，其中两个产品填补了国内同行空白，申请了 12 项专利技术，连续两年实现销售收入和税收的翻番增长。由于共享、共建实验室模式极大地提高了企业技术创新的能力，扩展了企业的利润空间，已被越来越多的企业践行，尤其是一些实力较弱的中小企业。

二、企业“实验室经济”发展条件

（一）强有力的政府政策支持

政府相关政策的支持，不仅可以为企业“实验室经济”的发展提供良好的发展环境，而且可以打造出一种全新的“科技 + 政府 + 资本”的科技成果孵化器模式，为实验室和企业搭建成果转化平台，推动企业技术创新向更深层次发展。近年来，为了更好地发挥科技对经济的拉动作用，加快构建产学研一体化创新体系，政府先后出台了一系列政策和措施，鼓励和推动企业技术创新。2006年，国务院颁布了《国家中长期科学和技术发展规划纲要（2006—2020年）》（以下简称《纲要》），提出要“通过科技体制改革支持鼓励企业成为自主创新主体”，并“根据国家重大战略需求，在新兴前沿交叉领域和具有我国特色和优势的领域，主要依托国家科研院所和研究型大学，建设若干队伍强、水平高、学科综合交叉的国家实验室”。2011年，《国家“十二五”科学和技术发展规划》提出“在关键产业技术领域，结合区域特色和优势科技资源，建设一批国家工程（技术）研究中心、工程实验室”。2012年，为全面落实《纲要》，中共中央、国务院正式对外发布了《关于深化科技体制改革 加快国家创新体系建设的意见》，突出强调了推动企业成为技术创新主体，增强企业技术创新能力具有重要意义，并提出“十二五”时期国家重点建设的工程技术类研究中心和实验室，优先在具备条件的行业骨干企业布局，“支持行业骨干企业与科研院所、高等院校联合组建技术研发平台和产业技术创新战略联盟，合作开展核心关键技术研发和相关基础研究，联合培养人才，共享科研成果”。2016年，《“十三五”国家科技创新规划》提出“优先在具有明确国家目标和紧迫战略需求的重大领域，在有望引领未来发展的战略制高点，面向未来、统筹部署，布局建设一批突破型、引领型、平台型一体的国家实验室”，同时提出“十三五”时期“加强平台建设系统布局，形成涵盖科研仪器、科研设施、科学数据、科技文献、实验材料等的科技资源共享服务平台体系，强化对前沿科学研究、企业技术创新、大众创新创业等的支撑”。

与此同时，各省、市、区也在围绕加快推进区域产学研一体化进程，实现科技成果和生产力的无缝对接，积极推出一系列政策措施，推进区域企业技术创新。如北京市昌平区为推动区域自主创新，区政府每年安排3000万元专项资金，对符合实验室经济模式的创新型企业开展的科技项目给予支持。山东省荣成市为了推动企业科技创新工作，在政策引导上，先后出台了《增强自主创新能力 建设创新型荣成的决定》《鼓励和扶持科技创新 加快高新技术产业发展的实施意见》等一系列文件，为企业开展科技创新创造了良好的政策环境。在资金引导上，每年投入近300万元的财政引导资金，对全市企业的科研项目进行扶持补助。除此之外，荣成市政府还通过举办产业技术创新联盟活动周、邀请科研院所专家为企业把脉会诊等方式积极为实验室和企业搭建成果转化平台。

（二）迅速发展的科技创新能力

当前，我国科技发展进入重要的跃升期，整体科技水平虽然与发达国家相比仍存在一定的差距，但近年来得到了迅速发展。首先，科技创新能力加速提升，在国际上的科技地位也进一步提高。2019年，全国研发经费支出较2015年增长56.3%，占国内生产总值的2.23%，超过欧盟平均水平。其中，基础研究占比大幅提高，已突破6%；发明专利授权量居世界首位；国际科技论文数量和国际科技论文被引用次数均位居世界第二。其次，在我国科技资源总量和创新基地迅速发展的同时，我国的科技成果转化能力也得到巨大提升，一大批科技成果应用化和产业化，如“天眼”“蛟龙”、大飞机、超级计算机等，为企业“实验室经济”发展提供了强有力的智力支撑。

（三）不断完善的知识产权制度

随着现代化高科技的不断发展，知识产权在科技创新和提升国家竞争力中的作用越来越显著。知识产权可以有效地实现创新过程和创新成果的产权化，从而最大限度地实现科技创新的经济价值，同时知识产权尤其是专利还可以固化前期科技创新成果，成为未来科技创新的牢固基石。对于企业而言，良好的知识产权保护不仅关乎其创新成果能否最大限度地转化为经济价值，而且决定了企业在激烈的市场竞争中的地位，拥有自主知识产权的核心技术是企业占领市场的必备武器。改革开放以来，随着知识产权战略的进一步实施，我国知识产权事业取得了巨大的成就：2008 年，国家颁布《国家知识产权战略纲要》，开始全面实施知识产权战略；“十三五”期间，我国知识产权司法保护力度日益加大，我国完成多部知识产权法律法规的修改和制定，在立法的同时，修法也在不断完善，知识产权单行法随着时代的发展不断进步；最高人民法院知识产权法庭揭牌成立，并在全国各地设立了 20 个知识产权法庭，为做好知识产权审判工作奠定了坚实的基础。此外，为优化审判资源配置，积极推进知识产权民事、行政和刑事案件“三审合一”试点工作，知识产权大保护局面基本形成。

与此同时，知识产权对科技创新的推动作用也在不断加强。近年来，国内一大批大型服务性企业，如国家电网公司（以下简称国家电网）、中国工商银行股份有限公司（以下简称工商银行）、中国移动通信集团公司（以下简称中国移动）、苏宁控股集团（以下简称苏宁）等，通过制定和实施知识产权战略，积极推动自身技术创新，抢占相关领域的制高点。据统计，国家电网在特高压输电领域拥有专利达 620 件，有效地保护了其核心研发成果，同时推动企业不断创新，抢占科技制高点，保证了我国特高压输电技术始终处于国际领先水平。良好的知识产权不仅可以最大限度地实现企业科技创新的经济价值，而且可以有效地固化科技创新成果，为后期研究奠定了坚实的基础。因此，完善的知识产权制度可以极大地激发企业科技创新的活力，为企业“实验室经济”发展提供动力源泉，并成为企业“实验室经济”发展的理论支撑。

三、企业“实验室经济”转型路径

（一）继续加大政府政策支持力度，促进科技成果和生产力的无缝对接

“实验室经济”是产学研相结合的创新模式，其最大优势就是实现了科技成果和生产力的无缝对接，加快了从技术到市场的产业化进程，为企业获取持久的核心竞争力提供了强大的动力源泉。强有力的政府政策支持不仅可以为企业“实验室经济”发展提供良好的政策环境，还可以为实验室和企业之间搭建科技成果转化平台。一方面，应继续加大对科技创新成果的资金和政策支持力度，加大财政对科技创新的投入，同时进一步拓宽科技创新企业融资渠道，在财税金融政策上给予科技创新企业各种财政税收优惠，鼓励企业积极进行科技创新。另一方面，应积极搭建科技成果转化平台。组织企业、高等院校和科研机构开展互访活动或联盟活动，定期举办科技项目对接会、技术交易会、科技创业者大赛等，促进产学研的紧密结合。着力培育一批在自主创新、联系和服务科技工作者中发挥重要作用的科技协会、学会和企业联盟，提升其科技服务水平；同时还应积极建立科技信息服务网络，全面收集和提供科技成果信息、科技需求信息，促进科技成果和生产力的无缝对接。

（二）创新体制机制，推动企业科技创新

长期以来，我国科研力量主要集中在高等院校和科研单位，技术创新脱离市场和企业需求，企业技术创新能力不强。企业作为国际竞争的主体，其技术创新能力，尤其是核心技术创新能力决定了一国在国际竞争中的地位。因此，推动企业成为技术创新主体，增强自主创新能力，就成为一项事关国家长远发展的重大任务。当前，应进一步推动科技体制和经济体制改革，激发企业技术创新活力，鼓励企业依托自身科技资源，加大研发投入，通过自建或共建实验室等多种形式积极进行自主创新。对科技型小微企业给予更宽松的信贷资金保

障，帮助其将科技成果转化为生产力。同时，还应创新科技机制，加快建立科技资源共享机制，支持企业、高等院校、科研机构共建开放式实验室，对建立开放式、专业化、共性化的科技研发和服务平台，在政策、资金上给予支持。培育一批与主导产业关联度大、具有一定区域优势、能产生新的经济增长点并能吸纳高等院校、科研院所和企业等社会各种社会创新要素的产业联盟，全面推动地区技术创新和产业结构优化升级。

（三）加快高端产业功能区建设，打造“实验室经济”发展平台

“实验室经济”解决了知识——技术——产业的有效衔接，成功地实现了知识技术化和技术产业化；而高端产业功能区作为科技成果孵化和产业化基地，以及产学研一体化体系构建的有效载体，在推动“实验室经济”发展、提升区域创新能力方面发挥了重要作用。因此，应继续加快高端产业功能区建设，各地区依据不同的历史和文化条件，合理规划产业空间布局，健全运转机制。着力建设高新技术产业园，充分发挥其在引领高新技术产业发展、支撑地区经济增长中的集聚、辐射和带动作用，推动区域全面创新。同时，在高新技术产业园区内，应充分发挥大企业、大集团具有雄厚研发实力和超强的技术创新能力优势，形成一批具有自主知识产权的科研成果，并加速推进科研成果产业化，使之成为实验室经济集中发展的示范基地，全面展示科技创新的集聚效应和规模效应。此外，还应积极支持大学科技城建设，依托高校集聚的技术和人才资源，引导其建立多功能、有特色的大学科技城，使之成为科技成果孵化和产业化基地。

（四）规范知识产权市场，营造良好的“实验室经济”发展法治环境

在知识经济时代，知识产权蕴含着极大的经济能量，能够最大限度地实现科技创新的经济价值，激发企业技术创新活力，从而推动技术的进步和科技的

发展，为国家经济发展带来持久动力。随着我国知识产权战略的进一步实施以及知识产权制度的不断完善，企业对知识产权的创造、运用、保护和管理力度也在不断加强，知识产权开始变成商品和资本进入市场运营。不容忽视的是，我国在知识产权运用方面仍然存在许多问题：首先，知识产权保护在执行层面存在问题。由于相关管理部门的失职、轻视或忽视，我国许多知识产权保护规定并未落到实处。其次，由于知识产权执行缺乏长效机制，导致随意侵害知识产权的现象依旧层出不穷，随意抄袭、复制、下载等现象随处可见，尤其是在互联网时代，这种现象更为严重。最后，虽然近年来我国知识产权法律体系不断完善，但我国居民尚未形成知识产权意识，知识产权观念淡薄，致使许多法律法规得不到有效执行。应进一步规范知识产权市场运作，维护科技创新者的权益；同时，还应大力弘扬知识产权文化以培育社会公众的创新意识，用知识产权制度激励发明创造，营造良好的知识产权法治环境、市场环境、文化环境，提升我国企业知识产权创造、运用、保护和管理能力，为我国科技创新和“实验室经济”发展提供强有力的支撑。

（五）加快科技创新人才培养，为“实验室经济”发展提供智力支持

规模宏大的创新型科技人才队伍不仅是国家科技创新和技术进步的保障，也是“实验室经济”有效地发展“1+1>2”的聚合效应的关键因素。因此，在“实验室经济”发展过程中，着力培养一批高层次的科技领军人才和创新团队，壮大和优化科技创新型人才队伍就显得尤为重要。应继续加大科技人力资源投入，重视高层次科技人才队伍建设，造就一批具有世界一流水平的科技人才队伍；同时还应重视科技管理、科技服务和科技普及人才队伍的建设，加快科技成果转化专业服务人才队伍建设。国家应给予各项政策支持，营造良好的科技创新氛围，鼓励优秀的高校毕业生和企业科技人员创新创业。此外，在人才教育培养模式上应不断创新，将创新型教育融入各层次教育体系，根据国家科技

和经济发展需要及时调整优化高等院校学科专业，推进产学研合作教育模式，促进高等院校和科研院所、企业联合培养人才。

第二节 “外延”增长的极大化空间：模块化分工与计算机产业的快速增长

1981 年，IBM 把关键的计算机核心部件外包给微软和 Intel，是计算机产业发展史上一个具有长远影响的重要事件，也是计算机产业走向分工的标志。从此以后，计算机生产和分工迅速扩散、扩大。

全球计算机市场规模和经济效益连续 20 多年保持快速增长势头。一是基于模块化高度专业化分工，计算机的核心和外围部件的性能、速度每年都呈几何级数增长，如 CPU、网络、内存、磁盘都以每 18 个月左右性能翻番的速度增长；二是基于模块化整合（兼营化标准），使得越来越多的应用能够在计算机上运行，效果越来越好，成本却在逐年下降，而且占世界人口很大比例的中、低收入人群均用得起，甚至基于工业标准的计算机集群逐渐成为大众化商品，从而促使计算机整机性价比成倍提升（亦即摩尔定律）。

这一现象似乎不能得到很好的理论解释：很少有哪个产业能够像计算机产业，在美国及全球各个地区均具有难以预料的发展速度，为什么只有为数不多的产业才具有如此之快的发展速度？飞速发展是由于产业特定的原因，还是有其一般的普遍的原因？就产业内部来讲，这些产业是否存在一种自我演进的内部驱动力，这种内部驱动力才导致其“与众不同”？这种内部机制是否从经济理论方面获得普遍性解释？

围绕这些问题，有很多学者试图做出较为圆满的解释。有的学者将其归结为技术进步的结果，有的学者将其归结为金融市场的作用，还有的学者从社会资本等方面探寻原因。这些探讨都从不同角度丰富了我们对产业发展的理解，但用于解释特定产业的发展问题似乎解释能力又稍显不足。

近些年较多的理论解释集中在交易费用领域，将产业的生产组织方式解释为交易费用影响下的市场与科层的选择。然而，它只是解释产业组织选择的原因，却没有解释每一种方式下的演化机理，更没有回答在不同选择中产业内在的发展动力是强还是弱。近几年产业集群的迅速崛起，引起了国内学者较多的关注。围绕对集群产业竞争优势的解释，学者关注的目光逐渐转移至区域分工、产业环境、企业形态特征以及交易费用、产业组织等方面。一些学者将集群产业的发展归结为生产方式的变化，认为模块化生产是集群产业的主要组织方式。

对产业生产方式的关注可能是一条有价值的研究路径，因为生产方式不仅是一种生产技术、一种组织形式，更主要的是不同的生产方式有不同的内部驱动机制。

一、文献综述

提出并强调分工为经济增长重要因素的，最早可以追溯到亚当·斯密 1776 年所著的《国富论》。斯密从企业的角度说明了分工和资本积累对劳动效率的提高以及经济的增长有着重要的意义。斯密认为，促进经济增长有两种途径：一是增加生产性劳动的数量，二是提高劳动的效率。在这两种增长途径中，斯密更强调劳动效率对经济增长的促进作用。对于如何促进劳动效率的提高，斯密认为主要取决于分工程度和资本积累的数量，因此分工协作和资本积累是促进经济增长的基本动因。基于分工可以使劳动者日专而业进，减少工作转换次数从而节约劳动时间，专业化的工作简化了劳动并增加了知识积累，促进了工具的发明和使用，所以，分工使得单位劳动的产出量增加（斯密认为，分工程度越高，单位劳动的产出量增加得越多，分工取决于交换，交换又取决于交换的能力，而交换能力的大小受市场容量的限制），进而导致收益递增。此外，斯密还认为市场容量的扩大会导致分工加深，而分工又促使劳动效率提高，并最终促进经济增长。

此后，英国经济学家杨格对此问题做了深入研究。杨格认为，经济增长最重要的理论基础是劳动分工的演进。如果把分工从经济学中消除掉，就不能完整地理解经济活动，特别是不能完整地解释经济增长的动态特征（亦即劳动分工演进的过程是内生的均衡移动，而不是静态的均衡）。其研究思路是基于厂商进行最优决策的角度来展开的，因而认为分工是生产迂回程度的加深，经济的发展过程就是在初始生产要素和最终消费之间插入越来越多、越来越复杂的生产工具、半成品以及知识的专业化生产部门，使分工越来越精细。

受杨格思想的影响，华裔澳大利亚经济学家杨小凯等（1993）近年来基于分工是经济中的个体最优选择的结果，提出了分工驱动经济增长思想，通过协调分工的成本（交易费用）将劳动分工纳入经济增长的内生变量来研究。由于引入角点解而将分工与增长模型化，逐步得到了主导经济学家的认可。目前，基于分工的研究尚未在经济增长的研究中占据主导地位。杨小凯等的模型认为，经济增长的微观基础在于分工的演进。分工的演进扩大了市场容量，从而加速了人力资本和生产经验的积累，形成经济实体之间相互依赖的内生化的比较利益；所有这些又进一步刺激分工向深度演进，正是在这种分工的循环演进过程中，人均收入和产出数量与品种增加，从而实现经济增长。

继杨小凯之后，贝克尔（Becker）等于1991年发表了一篇文章，认为劳动分工不是斯密所论断的那样，主要受市场范围的限制，而是主要受到“协调成本”（相当于交易成本）的影响。杨小凯等的模型没有处理知识在分工发展中的作用，因为分工的扩展与知识的积累相互作用，从而使杨小凯的结论与贝克尔的结论有所不同。

放弃总量分析，建立以微观生产过程为基础的增长模型，无疑是一种有希望的建模方式。杨小凯于 1991 年提出的增长模型就是按这种思路建立的。按分工或专业化路线发展的模型也遇到了许多问题。一般来说，这类模型很难实际应用到经济分析中。21 世纪以来，国民经济核算系统均是以总量分析思想为基础而设计的，现有的统计口径无法反映分工水平的演进，为这一类模型重新设计统计系统显然是不现实的。因此，目前这类模型仅仅是理论上的探讨。从建模方式来看，这类模型也有待进一步提炼。例如，杨小凯提出的模型虽然将一些重要经济参量内生化，但交易成本的定义与测度本身所存在的问题限制了其模型的应用。此外，分工及其专业化的演进，必然引起企业内部和企业间组织形式的演变。以微观生产过程为基础的增长模型，如果没有与企业内部和企业间组织形式的演变相关联，那么其微观基础的脆弱性是显而易见的。

本节基于分工经济理论，首先从三种不同的典型组织结构假设条件出发，以线性规划方法构建了组织结构（企业内部和企业间分工）与投入产出的关联模型；然后分析和比较了三种不同组织结构的投入产出效率（在此基础上还做了间接性的实证经验验证）；最后得出了明确的结论，即计算机产业基于模块化分工，具有投入产出上的高效率。

二、不同组织结构下的投入产出效率比较

（一）三种典型产业组织结构的定义

假设社会某一产业交替存在三种不同的典型组织结构，具体如下。

结构 1 为厂商数量 m_1 产品同质、企业规模和成本结构相同的单件生产结构，且至少存在局部区间性的规模报酬递增，平均单位生产成本为 c_1。

结构 2 为厂商数量 m_2 产品同质、企业规模和成本结构相同的大批量生产结构，且至少存在局部区间性的规模报酬递增，平均单位生产成本为 c_2。

结构 3 为厂商数量 m_3 产品同质、企业规模和成本结构相同的模块化生产结构，且至少存在局部区间性的规模报酬递增，平均单位生产成本为 c_3。

（二）投入产出效率比较

在微观经济理论中，可用技术效率描述厂商在当前的技术水平下，所有可行的投入产出向量的集合。因此，厂商在给定产出和其他投入不变时，能实现一种最小值集合的投入，或在给定投入和其他产出不变时，能实现一种最大值集合的产出，就具有技术上的效率。

（1）给定投入和其他产出不变时，结构 3 能实现一种最大值集合的产出，结构 2 次之，结构 1 最后。

为了定量化证明不同结构情况下投入产出的高低，我们只要在产出增加情况下求成本减少即可。产出增加情况下求成本减少的规划为

$$\begin{cases} \min C = \min(W_1X_1 + W_2X_2 + \cdots + W_n X_n) \\ Y = f(\lambda X_1, \lambda X_2, \cdots, \lambda_n X_n) \geqslant \lambda f(X_1, X_2, \cdots, X_n) \\ PY \leqslant r \end{cases}$$

其中：生产要素价格 $W_1, W_2, \cdots, W_n$ 对企业是常数，产量 Y 和价格 P 是 r 的函数；$Y = f(\lambda X_1, \lambda X_2, \cdots, \lambda_n X_n) \geqslant \lambda f(X_1, X_2, \cdots, X_n)$ 为生产函数规模报酬递增约束，是已知的。

从以上最小规划，可得到成本函数 $C=C(X_1, X_2, \cdots, X_n; Y; r)$。

在不考虑生产过程技术上的连续性关联情况下，企业的生产过程可按零部件种类、数量分为若干个独立的生产过程，各独立生产过程使用一定数量的几种或多种生产要素（要素的种类和数量固定率）。这样，假设企业按零部件分类的独立生产过程为 m 个，就可把以上最小规划改变成以下形式。

$$\min C=\min[\sum_{1}(W_iX_i)+\sum_{1}(W_iX_i)+\cdots+\sum_{1}^{m_m}(W_iX_i)]$$

$$Y=f(\sum_{1}^{m_1}\lambda X_i)+f(\sum_{1}^{m_2}\lambda X_i)+\cdots+f(\sum_{1}^{m_m}\lambda X_i)\geqslant\lambda[\sum_{1}^{m_1}X_i+\sum_{1}^{m_2}X_i+\cdots+\sum_{1}^{m_m}X_i]$$

$$PY\leqslant r$$

从以上最小规划，可得到成本函数

$$C=C[\sum_{1}^{m}(W_iX_i)+\sum_{1}^{m_2}(W_iX_i)+\cdots+\sum_{1}^{m_m}(W_iX_i);Y;r]\quad,$$

显然，由于规模报酬递增，r越大，则Y越大，那么

$$C=[\sum_{1}^{m_1}(W_iX_i)+\sum_{1}^{m_2}(W_iX_i)+\cdots+\sum_{1}^{m_m}(W_iX_i)]$$

就越小。亦即

$$\min C=\min\sum_{1}^{m_1}(W_iX_i)+\min\sum_{1}^{m_2}(W_iX_i)+\cdots+\min\sum_{1}^{m_m}(W_iX_i)$$

不妨再假设：市场有 N 个需求者和 M 个同质产品生产商，每个需求者需求数量为 Qi，每个生产商的生产数量为 Q_j，且在产品销售价格为 P_0 时达成供求均衡。那么，考虑以下两种极端情况：① M 个生产商各自独立完成全部零部件的生产过程（亦即结构 1）；② M 个生产商最大限度地分工协作，各厂商的零部件生产数量降至最低限度（较接近结构 3）。

显然，在第①种情况下，各厂商的产销量 $Y=1/M$；在第②种情况下，各厂商的产销量 $Y'=\mathrm{m}/M$；因 $M>1, Y'>Y$，亦即 $C'<C$，尤其是当 $m\geqslant 1$ 时，产出效率更高。

这意味着，以第②种组织结构，产出效率更高。

最为接近第②种组织结构的为结构 3。原因在于，就理论上而言，只有结构 3 通过生产过程的纵向与横向的模块化分解和整合，才能实现最大程度的细致分工与合作。

结构 2 的分工与合作程度之所以较结构 3 低，其原因在于结构 2 的生产过程主要局限于部件和零件之间纵向的分解和整合，而不同部件和部件之间、零

件和零件之间的横向分解和整合是有限的，远不如模块化结构——只要满足兼营性要求就可以同时分解和整合。横向分解和整合受限，就需要进行大量的横向沟通和协调，尤其是当生产过程的纵向与横向的分工与合作环节和层级体系增加时，沟通和协调的工作量和难度呈几何级数增长，由此就极大地限制了其专业化分工与合作的程度。

此外，在考虑生产过程技术上的连续性关联以及存在产品差异化的情况下，不难证明，以上结论仍然能够成立（只不过程度上有所差异而已）。

（2）给定产出和其他投入不变时，结构 3 能实现一种最小值集合的投入，结构 2 次之，结构 1 最后。

我们可用生产函数来定量证明这一点。

对应于生产要素的投入量（X_1, X_2, …, X_n），用 Y 表示企业所有可能采取的技术范围内的最大产出，这个对应关系可以用生产函数 $Y=f(X_1, X_2, \cdots, X_n)$ 表示。从市场实践中可归纳出 f 具有以下性质。

在企业的决策区（0, X_0）内，$f(0)=0$，$f_1(X)>0$，即 f 严格增；$f_{11}(X)<0$，即 f 严格凹（边际生产率递减）。下面我们分两种情况进行讨论。

第一种情况：各生产要素间不存在替代性，仅存在地区性的价格差异情况下，我们只要在产出一定情况下求成本最小即可。产量一定求成本最小的规划为

$$\begin{cases}\min C=\min(W_1X_1+\cdots+W_nX_n)\\ f(X_1, X_2, \cdots, X_n)=Y_0\end{cases}$$

其中，生产函数 $f(X_1, X_2, \cdots, X_n)$ 是已知的，生产要素价格 $W_1 \cdots W_n$ 对企业是常数，并把产量固定在 Y_0。

从以上最小规划可得到成本函数 $C=C(X_1, X_2, \cdots, X_n; Y; r)$，不失一般性，若 C 为要素价格的一次齐次性，那么对任一 $\lambda>0$，$f(\lambda X_1, \cdots, \lambda X_n)$，相应地

$C(\lambda W_1, \cdots, \lambda W_n; Y) \geqslant (\lambda CW_1, \cdots, \lambda W_n; Y)$，且若 $W'_j \geqslant W''_j$，则有 $C(W_1, \cdots, W'_j, \cdots, W_n; Y) \geqslant C(W_1, \cdots, W''_j, \cdots, W_n; Y)$；同样地，若设 $(W_1, \cdots, W'_j, \cdots, W'n)$ 和 $(W''_1, \cdots, W''_j, \cdots, W''_n)$ 为两组价格，令 $W'''_j = (1-\lambda), (W'_j + \lambda W''_j)$，$(0 \leqslant \lambda \leqslant 1; j=1, 2, \cdots, n)$ 则 $C(W'''_1, \cdots, W'''_j, \cdots, W'''_n) \geqslant (1-\lambda) C(W'_1, \cdots, W'_j, \cdots, W'_n) + \lambda C(W''_1, \cdots, W'_j, \cdots, W''_n)$

这意味着在生产要素价格存在地域性差异的情况下（这种情况在现实经济中普遍存在），企业集中于一地、一厂的生产成本（按生产要素的平均价格计算）要高于依生产要素价格水平分散布局的生产成本。

因此，在全球范围内寻找最优越的区位进行生产布局且采用外包委托生产方式的结构 2 和结构 3（尤其是模块化分工的结构 3），与结构 1 比较，成本更低。

第二种情况：各生产要素不仅存在地区性的价格差异，而且相互之间存在替代性的情况下，对于多种生产要素的生产函数，因各生产要素间存在替代性（当一种生产要素减少时，可增加另一种要素，可得到同样多的产品），那么定义生产要素 X_1 改变一单位时，为保持产量不变，需改变生产要素 X_2 的数量为生产要素 X_2 代替 X_1 的边际替代率，记为 $R(X_1, X_2)$。

不妨设成本函数 C 由低价格生产要素替代高价格要素后，相当于降低了各项要素价格水平，因而成本函数变为 $C, C'=C(\delta_1 W_1, \cdots, \delta_n W_n; Y), (0 \leqslant \delta_j \leqslant 1; j=1, 2, \cdots, n)$，若设 $C(\delta'_1 W'_1, \cdots, \delta'_j W'_j, \cdots, \delta'_n W'_n; Y)$ 和 $C(\delta''_2 W''_2, \cdots, \delta''_j W''_j, \cdots, \delta''_n W''_n; Y)$ 为两组价格，则 $C(W_1, \cdots, W'_j, \cdots, W_n; Y) \geqslant C(\delta_1 W_1, \cdots, \delta_j W_j, \cdots, \delta_n W_n; Y) \geqslant (1-\lambda) C(\delta'_1 W'_1, \cdots, \delta'_j W'_j, \cdots, \delta'_n W'_n; Y) + \lambda C(\delta''_2 W''_2, \cdots, \delta''_j W''_j, \cdots, \delta''_n W''_n; Y)$。这意味着以上结论同样成立，只不过成本更低。

（3）给定投入和其他产出不变时，结构 3 能实现一种最大值集合的整体产出（“1+1 > 2”的涌现特征明显），结构 2 次之，结构 1 最后。

根据前述成本函数 $C=C(X_1, X_2, \cdots, X_n; Y; r)$ 及其特性，显然企业各自独立完成全部产销过程的成本$C(\sum_{1}^{m}Y)$高于企业分工合作基础上的全部产销成本$\sum_{1}^{m}C(Y_1)$，即 $C(\sum_{1}^{m}Y)>\sum_{1}^{m}C(Y_1)$ 。也就是说，成本函数具有直接可加性，分工合作产销一组产出量的总和会比具有成本函数次可加性的一体化产销更能节约成本，因而具有“1+1>2”的整体涌现特征。

三、实证经验验证

由于企业组织结构的微观性质，其实证经验需要微观数据的支撑；但是，现实微观企业数据的收集比较困难，尤其是涉及大规模的微观企业数据时，所以许多假设命题均缺乏直接性的经验实证。即便如此，我们仍可以通过间接性的实证经验来予以证明。

（一）国际考察

从国际视角考察专业化分工，可以得出如下结论。

（1）专业化分工与贸易能提高产出水平与福利水平。

Feenstra 和 Hanson（1996，1998）基于 H–O 模型框架（下同），利用全美标准行业编码 SIC4 分位进口数据来计算外包，重点分析了产品生产加工环节转移到发展中国家后发达国家工人工资所受到的影响。对于像美国这样的发达国家而言，劳动密集型生产环节转移到成本低廉的地区后，通过专业化分工与贸易，一定能提高产出水平与福利水平，而非技术劳动力的收益率相对于技术劳动力的收益率会下降，从而加大了熟练劳动力和非熟练劳动力的工资差距。另外，行业具有以下两个特征使其更易发生外包行为：一是生产过程可以分为几个独立的生产阶段，这便于中间投入跨地域生产；二是各生产阶段密集使用的劳动力技能或熟练程度不同，因此将密集使用劳动力的生产活动移往国外具有经济意义。

Arndt（1997，1998，1999）的分析表明，对发达国家而言，将劳动力密集的进口竞争产业外包给劳动力要素禀赋丰裕的发展中国家，自己保留资本密集的生产阶段后，由于发挥了各自的比较优势，产量与贸易量都会增加，从而能够提高双方的就业率与工资水平，提高发达国家的福利。发达国家发展外包，相当于是生产效率的提高发生在劳动密集的产业部门，因而劳动力工资相对于资本租金会提高；发展中国家承接外包，相当于是生产效率的提高发生在资本密集的产业部门，因而劳动力工资相对于资本租金会降低。如果双方都是大国，由于资源从出口产业流向了进口竞争产业，出口产品价格上升，进口产品价格下降，贸易条件将得到改善。Deardorff（2001）肯定了产品内分工的生产方式更好地发挥了各国的比较优势，因此一定能增加相关国家及世界的产量与价值；但在 H-O 模型框架内，他认为部分要素所有者尤其是低技术劳动工人的收益可能是受损的。

Jones（2000）分析了几种特殊的资源禀赋状况对生产与贸易模式以及就业与价格所产生的影响，从而得出“即使在资本相对密集的国家，低技术水平工人也不一定受损，高技术水平工人也可能失业，收入也可能下降”的结论。

（2）专业化分工有利于技术扩散。

产品内分工能够促进技术扩散，尤其是能够对发展中国家的企业带来收益，国家的福利也会提高。Amighini（2005）对中国 ICT 产业（包括办公机器、IT 产品、通信产品及半导体产品）的加工贸易情况做了研究。研究表明，20 世纪 90 年代，中国显著地增加了 ICT 产品的市场份额，现在已经成为该行业第三大出口国家。此外，中国已经从简单的装配发展到生产制造高技术中间产品阶段，实现了加工贸易的升级，中国在这类产业的国际垂直分工中从低端起步，从技术扩散中获益，对整个国家的产业升级都产生了积极的影响。张小蒂与孙景蔚（2006）对中国的研究也表明，国际垂直专业化有利于提高劳动生产率和产业技术水平，从而对产业竞争力的提升产生积极的影响。

（二）国内考察

从国内视角考察专业化分工，可以得出如下结论。

（1）专业化分工是我国最主要的贸易方式——加工贸易的重要影响决定因素。

侯增艳（2006）以2000—2005年我国省级面板数据为样本，用3组决定因素——相对要素禀赋差异、市场规模、其他成本决定因素，作为加工贸易的解释变量，对加工贸易的影响因素进行回归分析，得出比较优势、规模经济、成本因素（专业化分工）是我国最主要的贸易方式——加工贸易的重要影响决定因素。

（2）在相同的投入条件下，在微观结构上结构3所占比重较多的行业和地区，经济增长速度快，结构分量的贡献高于竞争分量。

何龙娟、肖敏、吴殿廷（2006）采用偏离—份额（shift-share，SS）分析法，从经济增长的三个相关因素，即份额分量、结构分量和竞争分量，利用2000年和2002年高新技术产业增加值数据，代表性地对“十五”期间各地区高新产业的增长差异进行了考察，得出以下结论：①在高新技术产业固定资产投资增长速度低于全国固定资产投资增长速度的情况下，全国各地区高新技术产业发展速度均高于全国GDP平均速度。②竞争分量的贡献高于结构分量的地区为江苏、天津、山东，而结构分量的贡献高于竞争分量的地区为广东、浙江、福建。高新技术产业，因产品技术上较复杂，采用结构2和结构3，尤其是结构3的组织模式进行产销的比例比普通工业产品高。在广东、浙江、福建三省的工业总产值构成中，以结构3为主组织产品研发、生产和销售的份额，亦即“块状经济”占有较大的比重；而江苏、天津、山东（在市场化程度和对外开放程度方面，与广东、浙江、福建三省比较差距不大）以结构2为主组织产品研发、生产和销售的份额，亦即一体化的国有、集体企业占有较大的比重。

（3）高产业关联度行业（分工较充分的行业或产品）中，Jacobs溢出正向效应十分明显；低产业关联度行业中，Jacobs 溢出性或者为负值，或者不显著。蔡杰、龙志和（2004）基于产业关联度知识溢出效应的经济计量分析，采用 1999—2003 年中国 30 个省市（不包括西藏）、25 个工业产业的面板数据，考察了我国工业经济中 Jacobs 溢出效应与产业关联度的相关性，得出的结论为：在低产业关联度行业中，Jacobs 溢出性或者为负值，或者不显著；而高产业关联度行业中，Jacobs 溢出正向效应十分明显，即在高关联度产业中，不同产业间公司知识溢出显著，区域产业多样化有利于知识在产业间的企业中扩散，促进不同产业的共同发展。

第三节　轻工业增长与转型发展

我国轻工业是繁荣市场、增加出口、扩大就业及服务“三农”的重要产业。目前，产业规模和主要产品产量已居世界首位。党的十八大以来，轻工业加大了科研投入，加快了产品标准制、修订工作及质量管理体系建设，一批关键共性技术已取得突破，质量管理成果不断涌现，使行业整体技术水平和产品品质有了较大的改观。技术进步步伐的加快、产品品质的提高又有力地促进了轻工业发展方式转变和产业结构调整，尤其是新兴行业和产业集群的不断发展和壮大，结构改进的趋势越来越明显。尽管如此，我国轻工业仍大而不强，技术基础差、缺乏深入研究和开发的能力、核心技术受制于人（依赖海外）的局面仍未得到根本性改变；同时，轻工业发展将面临国际贸易环境日趋复杂、低成本优势逐步弱化、资源环境约束日益增强等诸多制约因素，以及技术创新能力是否能够快速提升以满足市场竞争和消费结构变化要求的巨大挑战（轻工企业沿用了多年的低成本、大规模标准化产品生产体制赖以存在的内外部环境条件均发生了根本性的改变）。因此，要推动轻工业由大变强，就要从根本上补齐这些长期困扰行业发展的短板，形成企业愿意创新、有能力创新、关键核心技术有所突破的新局面。政策着力点是：一方面，要采用政府主导型共性技术引导、分担机制；另一方面，要采用政府主导型关键、核心技术引导机制。

一、产业发展现状

“十三五”轻工业在全国各工业行业中表现较好，生产总值、出口总额、利润总额均实现了较快增长；技术进步步伐加快，自主创新能力提高；节能减排呈良好发展态势；政策与营商环境不断优化。

（一）规模总量上新台阶

“十三五”轻工业规模以上企业实现主营业务收入（总产值）年均增长5.74%。其中，2019年轻工业规模以上企业实现主营业务收入19.8万亿元，占全国工业总量的18.7%，如表5–1所示。

表5–1 “十三五”轻工业规模以上企业主营业务收入增长

年份	2015年	2016年	2017年	2018年	2019年
总产值/主营收入（万亿元）	15.57	16.76	18.17	19.26	19.8
同比增长（%）	5.18	6.4	8.34	5.97	2.8

资料来源：国家统计局快报数据。

（二）利税总额较快增长

“十三五”轻工业规模以上企业实现利润总额年均增长7.2%左右。其中，2019年轻工业规模以上企业实现利润总额1.29万亿元，如表5-2所示。

表5-2 “十三五”轻工业规模以上企业利润总额增长

年份	2015年	2016年	2017年	2018年	2019年
实现利润总额（万亿元）	0.97	1.04	1.13	1.24	1.29
同比增长（%）	6.43	7.6	8.96	5.91	7.1

资料来源：国家统计局快报数据。

（三）出口保持稳定增长

“十三五”轻工业保持年均11%的稳定增长。其中，2019年轻工出口6752.8亿美元，占全国出口总量的27%；在国民经济各行业中位居首位，如表5-3所示。

表5-3 “十三五”轻工业出口额增长

年份	2015年	2016年	2017年	2018年	2019年
出口额（亿美元）	5272.5	5414.9	6072.8	6406.8	6752.8
同比增长%	2.67	6.15	12.15	5.5	5.4

资料来源：国家统计局快报数据。

（四）提供了大量就业岗位

多年来轻工业全行业吸纳就业人数均在3000万人以上，“十三五”轻工业发展新兴行业和劳动密集型行业，保持规模以上企业就业人数占全国就业人数25%~30%的比例；其中产业集群就业人数达1000多万人，众多中小企业为农民工和城市基层劳动人员提供了大量就业岗位。

二、轻工业创新推进转型升级情况

（一）技术进步步伐加快，自主创新能力提高

技术进步步伐加快，自主创新能力提高，主要体现在以下几个方面。

一是一批国家重大科技支撑计划项目、技术改造攻关项目，包括造纸、塑料、发酵、酿酒、制糖、陶瓷、皮革、日化、缝制机械、轻机、家用电器、制笔等行业顺利实施，一批关键技术获得突破。例如，制笔行业的中性墨水、水性墨水、中油墨水，笔头用不锈钢材料，笔头精密加工设备；基于拉伸流变的塑料高效节能加工成型技术和设备，塑料的超临界二氧化碳微发泡制备技术；日化行业新型绿色表面活性剂油脂乙氧基化物、醇醚糖苷、氧化法AEC技术；制糖行业封闭循环用水技术；制革和毛皮加工水循环利用技术；等等。此外，高性能二次电池新型电极电解质材料及相关技术等60余项科研成果获得国家技术发明奖，变频空调关键技术研究及应用等190余项科研成果获得国家科学技术进步奖。

二是“十三五”期间，一个最为明显的表现是轻工企业十分重视并加大了科研投入。重点行业大中型企业研发强度年均增长10%以上，重点行业规模以上企业研究与实验发展经费支出占主营业务收入的比重超过2.2%。以轻工百强企业为例，科研支出占主营业务收入的3.6%，像海尔集团、海信集团、格

力电器等都超过百强的平均值；少数企业，如宁波方太厨具有限公司，持续多年科研支出占主营业务收入的5%以上。科技投入的增加使行业整体技术水平有了较大的提高。

三是以企业为主体的技术创新体系逐步健全。大多数行业龙头和骨干企业均已建立了技术研发中心，其中国家级企业技术中心144个，还有众多的省市级企业技术研发中心和行业协会牵头的产业技术联盟。技术创新体系不断壮大和完善，基本覆盖了轻工全行业，这对行业技术进步和创新具有重要作用。

四是很多轻工行业，如造纸、皮革、食品、家用电器、电池、日化、轻工机械等行业普遍建立了产学研用创新团队，形成了轻工科技创新平台。

五是加快了装备升级改造、自主化水平的提升。在酿酒、制鞋、五金等劳动密集型行业，大力推进机械化、自动化、数控化、智能化设备的应用；在造纸、食品加工、塑料加工装备方面，着力提升重点装备自主化水平；在家用电器、造纸等行业，重视并推广机器人的应用。

六是产学研用合作开始聚焦关键核心技术的基础理论研究和应用开发。如缝纫机械行业，基于产品基础理论研究的模块化、参数化数字设计等核心技术的突破已初见成效。

（二）质量建设取得成效，轻工产品质量稳步提升

质量建设取得成效，轻工产品质量稳步提升，主要体现在以下几个方面。

一是加快推进标准制修订工作，国际标准采标率不断提高。“十三五”期间，我国轻工产品标准化工作加快推进，目前轻工业现行标准共6006项，其中国家标准2629项、行业标准3377项，轻工标准体系逐步建立。

二是在轻工全行业推动国际标准采标计划，推动国内消费品标准与国际标准对接；国际标准采标率不断提高（行业重点消费品的国际采标率已达到95%），标准结构和存量不断优化。家用电器、家具、玩具、鞋类产品等行业

的国际标准转化率达到 80% 以上。

三是规模以上企业普遍建立了质量管理体系，产品质量检测方式及质量控制手段逐步同国际接轨；同时，群众性的质量管理创新、小改小革、微创新成果不断涌现，一大批成果收效显著。此外，多地“一把手”工程效果初显。“十三五”期间，从省到市，越来越多的地方政府将轻工产品质量提升工作列入“一把手”工程，成为当地的民生工程、重点工作，写进了政府的文件规划里。总体来看，在短短的几年时间里，轻工产品质量出现了一个明显改观、提高的局面，如飞亚达公司研制的航天手表，填补了国内空白，达到国际先进水平，伴随航天员圆满完成飞行任务，使我国成为继瑞士之后世界上第二个能生产航天手表的国家。

（三）创新推动结构不断优化

技术进步步伐的加快、自主创新能力的提高，有力地促进了轻工业发展方式转变和产业结构调整，尤其是新兴行业和产业集群的不断发展和壮大，结构改进的趋势越来越明显。一是产品种类增加，在皮革、钟表、文教体育用品、陶瓷、工艺美术等行业，推动开发了一批技术含量高、设计精美、制作精细、性能优越的轻工产品。二是主要行业新产品产值率达到 10% 以上，科技进步贡献率达到 50% 左右。产品内销比重提升，2019 年内销占 89%，较 2015 年提高 2.1 个百分点。三是区域结构趋于协调，2019 年东部和中西部地区轻工业主营业务收入占全国的比重分别为 55.5% 和 45.5%，中西部地区较 2015 年提高了 3.1 个百分点。四是产业集中度明显提升，2019 年排名前 100 位企业的主营业务收入和利润分别占轻工业的 11.6% 和 13.5%。五是轻工相关行业之间相互融合，联系更加紧密，机电一体化趋势明显。传统产业应用高新技术改造后发生了巨大的变化，焕发了新的活力。如缝纫机行业，年产各类家用及工业用缝纫机 1800 万台左右，占世界总产量的 75% 以上。常规产品技术及质量水平达到国际先进水平，特种机及机电一体化设备与国际先进水平的差距不断缩小。六是加快建设和发展了一批新兴行业，包括家用电器、塑料、文教体育用品、羽绒制品、现代化妆品、装饰、礼品等行业，其中家用电器、文教体育用品、羽绒等行业出口额名列世界前茅，也从多方面丰富了人民的生活。

（四）创新推动品牌建设

产品品质和核心技术是品牌建设中的重中之重。自主创新能力和产品质量的不断提高，直接推动并加快了轻工品牌建设的步伐。近年来，轻工行业品牌建设呈现出多层面创建、多行业覆盖以及品牌集中度、影响力和附加值快速提升的特点。中国名牌、著名商标、地理标志、区域品牌等多种创建形式、自我培育与国际并购等多种途径并举，产品品牌、企业品牌、区域品牌有机结合，互动式发展。轻工产品是中国名牌产品中最大的群体，目前轻工行业拥有中国名牌产品 663 个，占中国名牌总数的 34.6%，海尔集团、茅台集团、青岛啤酒集团和中粮集团等一批品牌企业的国际影响力逐步增强。

（五）国际竞争力有所提升

我国轻工业产业体系完整，产业规模优势突出，形成了较强的综合竞争优势。2019 年轻工产品出口额为 5982.4 亿美元，较 2015 年增长 71.6%。出口的轻工产品中，家具、家用电器、日用陶瓷、文教体育用品、自行车、钟表、缝纫机、皮革、电光源与灯具、制笔、乐器、玩具、眼镜、羽绒等行业的出口额名列世界前茅。100 多种产品产量居世界第一，自行车出口占全球市场的 75%，家用电器、皮革、家具、羽绒制品出口约占全球市场的 40%。产品出口到世界 230 多个国家和地区，我国作为轻工产品国际制造中心和采购中心的地位进一步得到巩固。出口贸易方式、市场结构和产品结构不断优化，一般贸易比重增加，新兴市场比重加大。

（六）创新推动轻工企业不断“走出去”

轻工业产业体系完整，产业规模优势突出，形成了较强的综合竞争优势。在自主创新能力与产品质量不断提高、轻工品牌建设步伐加快的情况下，我国轻工企业加快了海外收购步伐，并购意愿逐渐增强。在这些海外收购案例中，参与海外收购的企业数量逐渐增加，呈多样化发展趋势，并购涉及领域、区域也逐渐扩大，轻工企业“走出去”地域遍及亚洲、非洲、欧洲、美洲和大洋洲的几十个国家和地区。欧洲地区主要集中在俄罗斯、意大利、法国、荷兰、德国等国家，在北美主要集中于美国；在非洲投资较多的国家有马里、尼日利亚、突尼斯等，近年来投资的数额增长较快。轻工企业对外投资涉及的领域有家用电器、糖业、乳制品、厨卫等行业，投资形式有全资、合资、参股、技术转让、设备转让、工业园和工厂建设、对外劳务、成立贸易公司、开设境外工程咨询和设计项目服务等。近年来，轻工行业与“一带一路”沿线国家的经贸合作发展势头良好：与“一带一路”沿线国家的贸易额为1728.96亿美元，占轻工商品贸易总额的25.46%；出口额共计1449.93亿美元，占轻工商品出口总额的26.3%。主要涉及的领域有家用电器、家具和食品行业；主要的投资形式是全资或合资建厂（产品在当地销售或辐射周边国家；食品行业主要是开发清真食品，产品辐射“一带一路”沿线伊斯兰国家和地区）。

（七）创新推动节能减排呈现良好的态势

“十三五”期间，轻工业在推动产业结构优化升级、加快企业自主创新步伐的同时，有效地促进了节能减排。一是从技术创新入手，积极推广新技术、新工艺、新设备，从生产源头消减污染，走节约发展、清洁发展、安全发展的道路，取得积极进展。例如照明电器业，通过实施绿色照明工程、能耗标识管理和节能产品认证等措施，促使企业生产绿色节能产品，取得了显著的经济效益和社会效益。二是造纸、酒精、味精、柠檬酸、制革、铅蓄电池等行业，全面完成国家下达的淘汰落后指标。制革行业淘汰落后产能4000万标张，吨皮耗水量降低20%以上，化学需氧量减排30%以上，氨氮排放量减少50%以上；造纸行业淘汰落后产能3000万吨；铅蓄电池企业由1800多家减少至300多家；照明电器行业汞使用量削减近50%。三是造纸、塑料、家用电器、皮革、电池、照明电器、五金、轻机、缝制机械、陶瓷等20多个行业积极推进轻工清洁生产示范项目，取得初步成效。其中，造纸行业废纸回收率和废纸利用率达到了50%左右，已经超过日本、美国、加拿大和欧洲主要的造纸国家。四是绿色轻工、智慧轻工也在加速建设。通过推行绿色设计、开发绿色产品、建设绿色工厂等举措，轻工业大力推动绿色发展；以推进信息化和工业化深度融合为主线，用智能制造和工业互联网技术提升传统产业，实现智慧发展。目前，已有260家轻工企业获工业和信息化部“绿色工厂”称号，74家企业入选工业和信息化部智能制造示范项目。五是轻工主要行业的各项能耗指标逐渐走低，呈现出良好的态势。2019年规模以上单位工业增加值能耗比2015年下降18%，单位工业增加值用水下降23%，单位工业增加值二氧化碳排放量下降22%。

（八）政策与营商环境不断优化

“十三五”期间，轻工业对宏观政策、营商环境优化以及具体实施细则的细化力度一直在加大，有力地促进了好政策真正落实到地，同时也显著地改善了营商环境。

各种政策、营商环境优化及实施细则的细化很多、很具体，主要表现在以下几个方面。

1. 加大市场准入改革力度

加大市场准入改革力度，主要的措施：一是降低市场准入门槛。清理取消市场准入环节的各种限制性、障碍性、歧视性政策，普遍实施“非禁（凡法律法规未明令禁入的行业和领域）即入（向外资和国内民间资本全部开放，实行内外资、本外地企业同等待遇）”，同时地方政府和有关部门不能再随意出台对市场准入环节的审批措施。二是落实公平竞争审查制度。清理废除妨碍统一市场和公平竞争的各种规定和做法，主要是地方政府和有关部门违法实施的各类优惠政策。

2. 加大市场环境治理力度

加大市场环境治理力度，主要的措施：一是扎实推动知识产权保护的各项改革部署，加快知识产权制度（包括新兴领域和业态等薄弱环节）建设。二是探索、推进并逐步建立消费品质量认证、准入与追溯制度。三是完善执法体制改革，加大执法力度，对知识产权侵权行为持“零容忍”的态度，让侵权者付出沉重代价。四是加快完善统一权威的消费品质量安全风险监控体系，形成以预防为主、风险管理为核心的消费品质量安全监管新机制。五是严格实施缺陷产品召回制度，推动建立生产企业黑名单和惩罚性巨额赔偿制度，公开曝光质量违法和假冒伪劣案件。

3. 加强产业政策引导

加强产业政策引导，主要的措施：一是定期化、制度化公布《产业结构调整指导目录》《能源利用效率高的产品目录》。二是推行轻工产品绿色产品标识与认证、能效标识等制度。三是加强行业管理，落实《铅蓄电池行业规范条件》《制革行业规范条件》；落实家用电器、太阳能热水器、钟表等行业品牌发展指导意见；鼓励发展产污强度低、能耗低、清洁生产水平先进的工艺技术，减少能源资源消耗和污染物排放；充分利用关于促进企业兼并重组的支持政策，培育一批有竞争力的企业。

4. 加大财税政策支持力度

加大财税政策支持力度，主要的措施：一是优化整合中央财政科技计划（专项、基金等），重点支持行业新材料、核心技术、关键零部件、高端装备的研发和创新平台建设，提升产业发展的基础能力；重点支持传统产业改造提升和新兴产业规模化发展，引导企业加大对品种优化、质量提升、装备更新、智能制造和绿色制造等方面的技术改造力度。二是充分发挥国家中小企业发展基金的引导作用，带动中小企业加大对技术创新、结构调整、节能减排等方面的投入，落实各项优惠政策，完善中小企业服务体系。落实固定资产加速折旧政策，引导企业加大先进设备投资。三是发挥清洁生产专项资金的作用，引导重点行业清洁生产技术应用示范和推广。鼓励企业增加绿色产品研发投入，在政府采购等政策中优先选择获得绿色产品认证的产品。四是切实为各类企业减轻负担。落实相关税费优惠政策，降低企业“五险一金”等成本支出，如阶段性减免税负（如免征小微企业适用3%征收率征收的增值税，免除定期定额小微企业税收负担），延期申报纳税，对相关企业和个人给予税收优惠，合理调整消费税政策，等等。

5. 加大金融政策支持力度

加大金融政策支持力度，主要措施：一是探索、推进并逐步建立配套性的金融支持政策，包括研发试验、成果转化与运用以及市场推广开拓等方面的专门金融支持政策，发挥金融对技术创新的助推作用，促进企业技术创新和成果转化。二是落实支持中小微企业发展的金融政策，进一步降低中小企业融资附加费用，拓宽中小企业融资渠道，完善中小企业信用担保体系。三是鼓励银行业金融机构开发自有品牌、商标专用权等企业无形资产质押贷款业务，支持轻工领域品牌建设。四是支持金融机构通过银团贷款、出口信贷、项目融资等多种方式，为企业建立国际化研发、生产体系及品牌推广搭建金融服务平台。

6. 加强人才支撑保障

加强人才支撑保障，主要的措施：一是依托重大科技专项、重点项目、产学研联盟等建成一批高科技人才培养基地，加快培育一支具有较强创新能力和创新精神的高科技人才队伍。二是进一步做好轻工业职工技术培训和技能鉴定工作，形成一支门类齐全、技艺精湛的技术技能人才队伍。三是重视传统技艺人才的保护和传承，培养一批大国工匠。四是依托国家各类人才计划，引进和培养一批懂技术、懂市场的高端复合型管理人才，培养和造就大批优秀企业家。

7. 发挥行业协会作用

发挥行业协会作用，主要的措施：一是发挥行业协会联系政府和企业的桥梁和纽带作用，鼓励行业协会积极参与国家、地方有关产业政策法规的制定，引导企业落实产业政策。二是支持行业协会深化改革，完善内部治理，增强服务行业发展的能力，加强对行业发展重大问题的调查研究，反映企业诉求，引导规范企业行为，加强行业自律。三是建立轻工业经济运行及预测预警信息平台，及时反映行业情况和问题。四是鼓励和引导行业协会建立知识产权联盟，构建专利池，提高行业协会联合企业应对涉外知识产权纠纷和国际贸易壁垒的能力。

三、存在的问题

“十三五”期间，以轻工企业为主体、产学研一体化的自主创新体系逐步形成。一些大型轻工企业与高等院校、轻工科研机构建立了长期、稳定、广泛的技术合作关系，不少企业组建了围绕企业核心技术开发的研发机构，但是与更快适应需求变化的产业转型要求相比，轻工业的发展仍相对滞后，主要表现在以下几个方面。

（一）技术基础差

轻工业技术基础差，国家对轻工业的科技投入少，且投资主要侧重于轻工科技的基础研究和重大行业共性技术的研究，针对具体产品品种的技术创新和生产工艺创新则主要依赖企业的研发投入。然而，轻工企业规模普遍较小，大多数中小型企业资金有限，通常只够维持产品生产，很难挤出一部分资金从事研发。即使挤出了一部分资金，也因科研实力较弱而难以组织重大科研课题研究。就算是科研实力相对较强的大型轻工企业组织、承担了一些重大科研课题，研究进展也往往较慢。

（二）缺乏深入研究和开发的能力

我国轻工业拥有自主知识产权的核心技术太少，长期以来核心技术依赖进口，很多行业专门技术和精密装备被发达国家所垄断，如变频空调压缩机、LED 关键部件芯片、高档手表机芯等依赖进口，制浆造纸、乳制品、饮料、肉制品等行业的关键技术装备主要从国外引进。能源、资源消耗大，如洗衣粉，我国平均消耗能源折标准煤为 267 千克，国际水平仅 118 千克；制糖企业每吨甜菜用水在我国为 5~6 吨，而国外大多在 1 吨以下。

核心问题是缺乏深入研究和开发的能力。一是我国大多数轻工企业长期作为海外跨国公司的“生产车间”，主要从事产品的加工制造，虽然也积累了一些生产技术和经验，但离核心技术环节较远，对核心技术的了解和掌握较差。例如，制鞋涉及的减震系统和飞织技术，可以提高运动鞋的稳定与缓震性能，而目前国内贴牌企业尚无一家突破这一核心技术；同时，制鞋业中的飞织技术，国内大规模的鞋企都在抄袭，仅在款式、图案上有所变化。二是绝大多数轻工企业规模较小，多为中小型企业，难以承担进一步研究和开发所需要的大量资金、人力和物力的投入。

（三）科研管理落后

轻工企业对研发的管理较薄弱，基本上仍处于技术人员自发创造型和投资驱动型相结合的较原始模式，即缺乏研发的科学程序、机制、方法和习惯，将研发只看成研究与开发部门的职能，而与财务、采购和生产等部门的人员无关；研发的动力单一，主要来源于企业家。研发投入不足和管理方式落后，致使轻工业关键技术难以实现本质突破，从而造成产品品种少、档次低、技术含量不高。

（四）缺乏专门的共性、关键技术研发组织

在国内，共性、关键技术的研发往往由科研院所或企业独立承担完成。前者由于事业单位或半事业单位的体制性原因，难免从技术基础、研发能力出发进行具体项目申请和选择。这种情况虽然有利于项目研发的顺利完成以及研发效率的提高，但不利的方面也是明显的：研发出的技术与行业、企业需求难免产生较大偏离，有时甚至严重脱节；此外，中试、末端产业化过程中也往往会因激励不足而效率低下。后者因逐利性质又难免在项目申请和选择以及研发上急功近利，或者因技术基础、研发能力不足，项目研发事倍功半。

在国外，有专门的共性、关键技术研发组织（第三方市场化机构），例如专利公司、完全市场化的科研院所等，在这方面发挥了很好的作用。

（五）需求高度细分、定制生产尚处于起始阶段

我国城乡居民消费结构正在由生存型消费向发展型消费升级、由物质型消

费向服务型消费升级、由传统消费向新型消费升级，并且这一升级的趋势越来越明显，速度越来越快：同时，80后、90后年轻一族成为国内市场的主流消费人群，追求时尚、彰显个性是80后、90后的一个主要的消费特点。总之，消费需求进入个性化时代，大众化的市场被打碎，需求高度细分，以至成了一个个的个性化需求“碎片”，难能统一化合并、组合。

如今消费品定制生产逐渐成为城市居民个性化消费的新方式，也成为轻工企业市场营销的新手段。目前，轻工生产企业大多是采用固定的流水线进行批量生产，而定制生产所要求的是为某一个性化产品单独开设一条生产线，这对于投资、技术和工艺改革、人员分配、售后及成本控制而言都是一种严峻的考验。

第六章

政府产业政策措施与企业策略选择的有效性

第一节　政府对企业的扶持也要转型升级

当前市场竞争的显著特点，就是已经从产品竞争、企业竞争发展到全程产业链内协作企业集群的协同竞争，不仅需要有影响力的大型企业通过转型升级提升配套企业的竞争能力，更需要行业龙头企业引领产业链内协作企业集群协同创新，攻坚克难。因此，政府对企业的扶持也要与时俱进，转型升级。应出台新的试点政策，支持由大型行业领军企业牵头建设包括科技银行、小额贷款公司、创投公司等在内的创新产业链金融平台；同时应为中小企业的高新技术和原创性项目设立财政专项基金，作为中小型企业科技创新的活动补贴。此外，政府还应建立和规范中小企业信用担保体系，帮助、鼓励中小企业积极参加信用保险和信用担保，降低其融资和交易成本。

第二节　产业政策措施的有效性——以轻工业为例

一、建立自主创新的引导、风险分担机制

针对轻工企业创新动力不足的问题，要采用综合或专项性的科技计划，建立自主创新的引导机制，引导、促进企业自主投入，并对自主投入进行利益补偿，让其愿意创新并有利可图。可考虑设立行业专项技术计划，适当安排子项资金用于对企业自主创新与应用开发项目的贴息；行业共性技术、关键性技术（在对轻工产业链关键共性技术进行排查摸底的基础上，政府职能部门列出目前单个企业研发难以突破、对轻工产业升级形成严重制约、获得突破后对产业升级有重大带动作用的关键共性技术清单）的开发与应用，还可以允许按销售收入的一定比例提取（子项资金），以弥补科技开发可能造成的损失。引导资金额度可以低一些，项目设置多一些，投向也可以分散一些，但补偿资金额度则可以高些，项目设置少一些，投向也可以集中一些，以提高使用绩效。

针对企业风险承担能力不足的问题，需要完善、创新风险分担机制，分担轻工企业的技术创新风险，让企业敢于创新。可考虑在行业专项技术计划资金中适当安排子项资金，用于对企业自主创新与应用开发项目的风险补贴。风险分担资金额度既可以低一些，项目设置多一些，投向分散一些；也可以额度高一些，项目设置少一些，投向集中一些。可视具体情况和使用绩效而定。

针对企业创新能力弱的问题，需要健全、创新产学研合作机制，以降低轻

工企业产学研合作成本，让企业自愿推进开放创新。可考虑在行业专项技术计划资金中适当安排子项资金，用于对企业开放创新项目的补贴。合作补贴资金额度可以低一些，项目设置多一些，投向也可以分散一些。

二、分类创新的引导、风险分担机制

分类创新的引导、风险分担机制有以下两个。

一是共性技术引导、分担机制。由于共性技术具有共用性、外部性、基础性和关联性等特点，而轻工企业多数无力或不愿承担共性研发，同时又缺乏专门的共性技术研发组织，因此，要采用政府主导型模式——启动引导和分担两种机制，由政府动用行政力量，通过各种计划、政策推动官产学研结合，实现从引进模仿向自主创新的转变。

二是关键、核心技术引导机制。由于关键（包括关键共性技术和关键非共性技术）、核心技术研发需要以长期、雄厚的技术积淀为基础，需要长期、稳定的投入。从国际经验来看，以共性技术为支持平台，助推企业创新能力、促成核心技术是许多发达国家如美国、欧盟的通行做法与成功经验[①]。因此，要采用政府引导模式（主要启动引导机制），由政府通过各种计划、政策引导官产学研结合，促成共性技术向关键、核心技术突破。[②]

三、加强工程技术研究中心建设，突破关键薄弱环节

长期以来，轻工业科技成果转化率低，其重要原因是研究开发与应用的中间环节薄弱，中试条件差，工程化水平低。要着力促进和加强科技成果产业化

① 杨静．产业共性技术供给与中小企业创新 [N]. 光明日报，2010-08-17.

② 辜胜阻．我国民营企业自主创新对策思路 [EB/OL]. [2017-01-29]. http：//www. ce. cn.

中间环节——工程技术研究中心建设，培养工程技术人才，建设工程化实验条件，提高成果的成熟性、配套化、工程化水平。

四、加强高层次技术创新人才队伍的建设

加强高层次技术创新人才队伍建设，主要有以下几种做法。

一是建立权责明确、评价科学、健全有力的科技人才创业创新的评价、使用和激励机制。二是制定相应的财政、税收、金融等优惠政策，完善知识产权、技术等作为资本参股的措施，支持拥有自主知识产权项目和技术的青年创业创新，支持和鼓励高层次人才创办科技型企业。三是构建专业技术人才继续教育体系，依靠重大科技项目、重大产业项目，为轻工企业培养和引进研发人才。

五、发挥行业协会等中介组织的作用

加强质量管理协会、标准化协会、计量测试学会、消费者协会、贸易促进会、商会等有关专业协会和行业协会建设，建立健全中介服务机构，为企业提供品牌创建、品牌推介、品牌运营、技术开发、质量管理、法律服务、信息咨询、人才培训、商标代理、境外商标注册、打假维权等各个方面的服务。

第三节　企业策略选择的有效性

一、商品链内外的价格战——没有赢家的“囚徒困境”

（一）问题由来

在产品供给大于需求、产品同质的情况下（无论商品链内外），同业竞争的企业要击垮对手，唯有通过价格战——以价格的优势争占市场份额的优势，再在份额优势的基础上获得成本和价格的更大优势，进而挤占更大的份额、获取更低的成本，如此良性循环，最终就可击垮对手。

在重复建设严重或沉淀成本高（固定资产投入大，产品转移和行业退出很难）的情况下，以上情况却很难发生，价格战的结果很可能演化成没有盈利可言的行业性亏损——没有赢家。

（二）假设条件

假设甲、乙为同质产品竞争的两家企业，在产品供大于需求的市场情况下，双方独立进行产品定价并展开市场占有份额的激烈竞争；在产品的价格弹性较大的情况下，谁先向市场推出定价更低的产品，谁就能取得市场的主动权和份额优势，直到由某一方推出更低的定价，这一局面才被打破。

（三）策略选择与博弈均衡

假定目前甲企业定价更低，乙企业定价更高，那么乙企业如不迅速推出更低定价的产品的话，甲企业的份额领先就会逐步扩大，而乙企业的份额就会逐步缩小，时间越长，双方的差距就会越大，同时随着甲企业份额的提升，其成本就会下降，更低定价的能力就会增强，这样逐步发展下去，甲企业就会进入低价——份额增长——成本下降——更低定价的良性循环；乙企业则相反，会进入高价——份额萎缩——成本上升——定价能力下降的恶性循环，最终为甲企业所击垮。

两种不同的定价带来两种迥然不同的结果。乙企业在陷入第二种被动、不利的局面时，显然会尽全力来争取主动、改变局面：与甲企业转换位置。

要做到这一点，乙企业只要迅速推出比甲企业定价更低的产品即可。因而，乙企业就会迅速采取行动，推出定价更低的产品。

乙企业推出比甲企业定价更低的产品后，甲、乙企业双方的竞争，主动与被动、有利与不利的关系就会互相转换。

同理，甲企业也会迅速采取行动，推出定价更低的产品。

如此，甲、乙企业双方就会你追我赶地定低价。在你追我赶进行降价竞争的过程中，最终总有一方的定价首先触抵其成本线，若再进一步降价，就会出现亏损。在企业沉淀成本不大的情况下，双方的竞争也许就此达成博弈均衡。也就是说，双方的价格会稳定下来，不再继续降价。

在企业沉淀成本很大的情况下，双方的行为则有很大的不同：因为双方均无退路——为提高设备和人员利用率别无选择，对更大的市场份额势在必得，那么只要对方的市场份额比己方大，即便亏损，也会坚持不懈地继续降价。

这样，双方就陷入了价格战的“囚徒困境”：双方的优势策略均是低价，且只要对方的价格比己方低，就要采取比对方更低的价格以获取主动。

“囚徒困境”是最为不幸的博弈，因为双方没有谁会成为赢家。

二、商品链内外的差异化竞争，是斜坡上的均衡

（一）问题由来

所谓差异化，就是追求企业的产品和服务与同业竞争者之间的差别，以形成差异化竞争优势。差异化竞争优势的市场作用，简单地说，就是能满足和吸引差异化的细分市场的需求，并能够避免企业之间直接的价格竞争，而达到争占和扩大市场份额的目的；同时，差异化产品还可以实行差异价格，实现更大的盈利；此外，还有助于提升企业形象。

与以损失盈利为代价的价格竞争相比，差异化在企业竞争中的优势地位显而易见。也正因为如此，在同业竞争的企业间，大家你追我赶地努力实现差异化，这样千军万马同时挤在一座独木桥上，会出现一种什么样的情况，产生怎样的结果呢？

（二）假设条件

这可以通过博弈论得以论证和展示。

假设甲、乙两家同业竞争企业均独立进行产品的差异化定价并展开市场占有份额的激烈竞争。

不妨假设产品在技术上差异化空间很大，谁先向市场推出差异化程度高的产品，谁就能取得市场的主动权和份额优势，直到由某一方推出更高差异化程度的产品，这一局面才被打破。

（三）策略选择与博弈均衡

假定目前甲企业赢得领先地位，乙企业暂时排在甲企业之后；那么，如果乙企业不能在甲企业之前迅速推出更高差异化程度的新产品的话，甲企业的领

先优势就会更加显著，久而久之，双方的差距就会越来越大，乙企业就注定要长久落后于甲企业。

借助于斜坡均衡模型[①]，我们知道，预见到这种情况，乙企业绝不会甘心服输，一定会加大投入，缩短研发进程，全力以赴赶在甲企业之前成功地推出差异化程度更高的产品（尽管这样，投入与以前相比要大得多）；如果乙企业加大投入，加快研发进程，赶在甲企业之前成功地把新产品推向市场，就可与甲企业调换位置。

同样，甲企业也绝不会甘心服输，为防止被乙企业超过，会全力以赴地保持领先地位；这样，双方就会你追我赶地进行产品差异化的研发并尽快推向市场。

在你追我赶地把新产品推向市场的过程中，并在双方均已投入大量资源的情况下，只要甲企业仍排在第一位，哪怕领先的代价非常高，乙企业也会穷追不舍，不肯放弃。其原因在于，一旦放弃，甘愿认输，所有前期投入就要“打水漂”。同样地，甲企业也会快马加鞭地往前赶，以保持对乙企业的相对优势。

这是一场马拉松博弈，最终的赢家只有一个。博弈参与者就如同置身于一个光滑的斜坡，只要你参与，就不进（上升）则退（下滑），而一旦落后，就有损失（一旦落后，产品就会滞销，盈利就更加困难）。中途退出，损失则更大（前功尽弃），除非你不参与。

这场光滑斜坡上的博弈均衡只有两个：一是甲、乙两企业，有一方主动放弃或心甘情愿地做差异化的跟随者；二是坚持不舍，不断追击，直至胜出，那么在这种情况下，唯一的上限就是企业的资本实力和投资能力，直至你的投资能力枯竭为止——竞争就不得不停止。

实际上，第一种均衡是知己知彼（在对方很强大的情况下）、理性和明智

① 白波．博奕游戏[M]．哈尔滨：哈尔滨出版社，2004.

的选择，也能分得一杯羹；第二种均衡是你死我活的生死决斗，在多数情况下会演化成一场毫无盈利希望、损失惨重的“赌博”。

在行业内企业均努力追求差异化的时候，差异化的竞争就犹如前赴后继、光滑斜坡上的比武，只有战胜对手，才能暂时成为“擂主”并艰难上行。尽管历经千锤百炼，一旦落败，则无一例外地会向下跌滑，轻则损伤，重则伤亡，最终的赢家只有一个，而损失惨重和彻底失败者众多。

三、无论链内还是链外，技术破坏均可能后来居上

（一）问题由来

小企业与大企业对抗，若采用常规性策略，小企业是很难竞争过大企业的；相反，大企业却可以较轻松地挤垮小企业。

其原因在于：一是大企业具有足够的动力，以维持其市场领先地位；二是大企业拥有竞争取胜所必需的资源；三是在现有消费者和产品技术的基础上进行新一轮的竞争，拥有市场和技术优势者总能有更多、更大的保障赢得胜利。

如果小企业集中于一个方向竭力紧紧追赶，一是冒险概率很大，二是也摆脱不了龟步式追撵，除非是另起炉灶式的后发突起，从根本上说，最多与大企业处于相当的水平，事实上很难超越。

因此，龟步式紧紧地追撵，也就是在原有消费者和产品技术基础上的竞争，即便是小企业的冒死一搏，成功的概率仍然很低，且很难实现超越。

那么，小企业就注定“凶多吉少”？有没有机会从根本上击败强大的对手呢？

（二）策略分析与博弈均衡

如果有机会，如何才能成功地击败对手呢？

答案其实很简单，就是要扩大乙企业的策略选择范围，提升乙企业的策略优势，同时还要对甲企业的策略产生抑制和否定作用。

道理如此，那么关键是如何才能做到这一点呢？突破口只有一个，就是乙企业要推出甲企业能力不及且具有显著差异化水平和成本优势的产品和服务。[①]

那么，这种产品和服务存在吗？如果存在，又如何才能寻找到呢？这就是破坏性差异产品和服务。

破坏性差异产品和服务是指其主旨不是向现存市场消费者提供更好的产品和服务；相反，通过引入与现有产品相比尚不够好的产品和服务，破坏现有市场领导者由“向现有市场提供更好的产品”主导的消费模式（主要满足主流消费者的要求）。低端破坏以低成本产品和服务吸引购买现有市场领导者的高成本、高价格产品和服务的顾客（也就是过分满足的顾客）；高端破坏以简化功能和方便性产品及服务分化顾客；新市场破坏以创造并形成新的消费和顾客而达成。这样就重新定义和分化了市场，导致竞争策略按新的竞争轨迹和选择进行。尤其是破坏性技术，一般会提供比较简单、更加便捷与廉价的产品，这对新的或者不太挑剔的消费者具有很大的吸引力。

一旦破坏性产品在新的或低端市场上确立了自己的地位，改进循环就开始了。由于需求的驱动使技术改进的主观努力越来越大，速度越来越快，以前不够好的技术最终会得到充分的改进，并与更挑剔的消费者的需求相符。当这种情况出现后，破坏者就能最终征服市场领先者。对于寻求市场地位改变的挑战型企业而言，这一差异非常重要。虽然行业目前的领导者如前所述，几乎总能取得维持性（创新）差异新“战役”的胜利，但是破坏性（创新）差异成功的概率更多地青睐挑战者。[①]

其原因在于，对现有领导者所采取的应对策略能够有强大的抑制和否定作用。

---

① 克莱顿·M·克里斯坦森，迈克尔·E·雷纳．困境与出路[M]. 北京：中信出版社，2004.

技术破坏，对市场追随型的中小企业而言，是一种赶超市场领导者、后来居上的非常有力的竞争工具和策略选择，即便是那些毫不起眼的边缘型企业，只要能成功地运用这种工具和策略，也可以有效地击败强大的对手。

四、策略的边缘与边缘策略

这方面的策略问题可能很复杂，我们不妨先来看一个简单的问题。

企业的老板或公司的管理层与员工之间，作为劳动的雇用方和劳动的支出方经常会围绕劳动报酬展开谈判。员工希望工资高一点，老板希望工资低一点。实际上，这是一个由双方的谈判地位决定的博弈均衡或妥协过程。

一般情况下，企业老板或管理层在选择上具有较大的弹性（因劳动力供给富裕），在讨价还价中处于强势而有利的地位，因而往往是只有企业老板或管理层一方可以提出建议，员工只能接受或者拒绝。管理层只要提出一个略高于当地同等劳动条件下的工资水平的数额，应聘者就会接受。

这个结果的得出很简单。我们不妨假设当地同等劳动条件下的月工资为 1000 元，现在管理层提出为 1050 元，并规定要在 3 天内做出接受或拒绝的答复，实际上，谈判过程的第一天就很可能达成协议：应聘者接受。因为他在当地不能得到比 1050 元月工资更高的工作。

这个仅占工资额 4.8% 的 50 元钱，就是此项策略成功的边缘。采用略微高出当地同等劳动条件下的工资数额，就是边缘策略。

发生在劳动密集型企业工资上的边缘策略比较好处理，但在工作性质和用人要求较高的高技术企业，情况就大为不同，如涉及技术开发人员方面。

现在，我们再来看一个复杂一些的边缘策略问题。

假设一家大型软件公司招聘技术主管，公司与应聘者就工资待遇问题进行谈判。由于信息不对称，公司管理层暂时还拿不准应聘者的业务能力。尽管知道应聘者相关经验很丰富，但此项目涉及许多新领域，一旦用错了人（工作不能胜任），公司的损失会比较大。待遇问题又是关系此项职位能否吸收、留住应聘者的条件之一。那么在这种情况下（尽管管理层仍处于谈判中的强势、有利地位，但双方可以交替提出建议），管理层如何提出建议或者针对对方的建议做出回应呢？

不妨再假设该职位目前市场的参考工资为 10000 元（每月），此招聘的合同期为 3 年；如果应聘者不能胜任，随时可以解雇；同时，企业业绩稳健、员工稳定、文化氛围宽容对应聘者均具有较强的吸引力。

这就要运用边缘策略，来探讨这一谈判的策略和结果。

首先由应聘者提出工资要求。应聘者根据同等情况的外部价格（从现在算起 3 年内的预期价格）提出 11000 元的年工资（年均价）。如果应聘者属于稀缺人才，管理层能够确认其业务能力，就会完全接受应聘者提出的工资要求。

如果管理层还不能完全确认应聘者的业务能力，态度就会有所保留，相继就会出现讨价还价的情况。管理层知道，如果应聘者能够待到第三年，就说明他能够胜任工作，因此管理层就不能提出低于这一工资水平的反建议。

类似地，如果应聘者能够待到第二年，也说明他能够胜任工作，因此管理层也不能提出低于这一工资水平的反建议（因市场价格接近，最多可以降低 1000 元）。在第一年，情况就不同了。如果应聘者不能胜任工作，就会被即时解雇。尽管人被解雇了，公司仍有较大的损失（时间、工期的拖延）。因此，第一年的工资待遇，管理层就不能全部地满足应聘者，而是要采取边缘策略。那么，该怎么回应呢？提出一个显著低于这一工资水平的数字，然后第三年再补偿，总收入略高于每年平均 11000 元的反建议？

如果提出一个显著低于这一工资水平的反建议，能够试探出应聘者的实际能力，就可以这样做。

通过博弈论精妙的边缘策略设计，我们可以窥破应聘者能力的高低。如果应聘者的能力确实可以胜任工作，在这一压力策略下接受应聘的话，就说明其能力不容置疑。如果应聘者对自己的能力充满自信，那么其最优策略就是关心三年的工资总收入，而不太担心因能力问题在第二年、第三年公司不兑现工资承诺（因为应聘者很清楚这一职位的重要性，同时对该公司稳定的业绩和人员情况也很清楚）；如果应聘者能力一般，其目前在现职公司的工资或者到其他公司应聘这一职位的工资均不会高于10000元，那么他的最佳选择就是继续留任现职公司。因为到其他公司应聘这一职位，若能力有限，也会有相当大的风险。

这样，管理层就可以提出一套工资总收入略高于33000元，但第一年显著要低、第二年持平、第三年显著要高的反建议。实际上第二年没有争议，主要是第一年少多少、第三年多多少的问题。例如，管理层提出第一年5000元、第二年11000元、第三年17500元的反建议。

此事属于重要人事招聘和安排，关系较大，不妨再假设双方谈判周期较长，那么管理层在谈判中的优势就会随着谈判次数的增加而削弱，最后几乎达成双方对等。这样最终的结果就是会达成以双方所提建议为基础的折中方案，亦即第一年7500元、第二年11000元、第三年14750元。

在商品链之中，无论链内链外，在企业之间均存在类似的问题，很多情况下就是这样的结果。

第七章

产业融合发展

第一节　高新区自主创新能力的金融支持政策研究——以东湖高新区为例

一、引言

我国于2006年颁布的《国家中长期科学和技术发展规划纲要（2006—2020年）》明确提出，把“自主创新、重点跨越、支撑发展、引领未来”作为我国未来科技工作的指导方针，至此自主创新上升为国家发展战略。2009年12月8日，国务院正式下发了《关于同意支持武汉东湖新技术产业开发区建设国家自主创新示范区的批复》，这是东湖高新区成为继北京中关村之后的第二个国家自主创新示范区，至此将东湖高新区的发展上升到国家战略的高度。为此，国家出台了多项优惠政策，伴随着企业从初生到成长的不同阶段给予扶持，鼓励东湖高新区的自主创新发展。本文将基于对东湖高新区自主创新能力的现状剖析，找出高新区自主创新与金融支持的“瓶颈”所在，并通过发达国家典型金融市场支持政策的比较透视，有针对性地提出提升东湖高新区自主创新能力的金融支持策略。

二、相关文献回顾

早在 1912 年，著名经济学家熊彼特在其《经济发展理论》一书中，就提出货币、信贷和利息等金融变量对经济增长有重要影响，认为创新是经济增长最核心的因素，而创新的实质在于各个生产要素的组合。此后，众多经济学家开始从资本入手，关注金融对自主创新的影响。经济学家哈罗德和多马于 20 世纪 50 年代建立了著名的哈罗德—多马模型，该模型虽然进一步解释了资本积累与经济增长之间的关系，但对于资本内部各金融工具之间的相互组合关系对自主创新的影响乃至对经济增长的影响没有进行专门研究。在内生增长模型中，对金融政策支持自主创新影响的重点集中在金融市场方面的研究，该理论认为，科学技术的广泛应用是建立在金融市场繁荣发展基础上的。时代交叠模型最早是由萨缪尔森提出的，旨在弥补货币经济理论缺乏微观基础的缺陷。此后史密斯利用该理论证明了金融市场效率会直接影响技术的选择，并对一国的均衡经济增长率带来深远影响。此后，随着 20 世纪中期美国硅谷的兴起，风险投资成为金融支持自主创新的重要力量，对风险投资的研究成为当今金融与自主创新领域的一个重要研究对象。

国内对金融支持自主创新的研究起步比较晚，其研究成果主要集中在以下几个方面：①国外金融政策支持自主创新的比较研究；②金融支持自主创新工具选择及组合研究；③从财税角度出发，通过政府公共政策指导金融支持自主创新；④通过实证研究对金融支持自主创新进行模型分析。这些研究成果一方面从理论上揭示了金融支持自主创新的一般规律，为实践应用提供了重要的理论基础。另一方面，在研究过程中仍然存在一些不足，主要表现为以下两点：一是目前国内研究大多是基于国外发达国家成熟金融市场的研究成果进行的，而我国金融市场尚待完善，因而这些先进的研究成果应用于我国的金融市场，待实际金融运行尚有一段距离；二是现阶段的研究成果多集中于对金融工具及其组合应用方面的微观研究，缺乏从宏观角度把握金融支持自主创新的内在机制的研究。

三、东湖高新区自主创新与金融支持现状

（一）高新区内自主创新发展迅猛

东湖高新区成立于1988年，1991年被国务院批准为首批国家高新区之一。目前，东湖高新区内拥有2100多家高新企业、600多家研发机构，平均每天有10项发明专利诞生。其中，烽火科技集团有限公司近年来接连提出3项IP网络技术标准，被国际电信联盟批准为国际标准；长飞光纤光缆股份有限公司自主研发的新型光纤拉丝炉达到了世界先进水平，打破了国外技术封锁；武汉海创电子股份有限公司、武汉楚天激光（集团）股份有限公司开发的产品，在我国载人航天、“嫦娥一号”得到应用。东湖高新区主导制定了5项国际标准、80项国家标准、110项行业标准，申请专利6300多项，专利申请量以年均40%的速度增长。2009年，东湖高新区的总产值达到2200多亿元，是1991年的4.2亿元的500多倍。

（二）高新区内金融支持初见成效

截至2016年，东湖高新区上市公司数量达到36家，上市公司数量在全国89个高新区内名列前茅。这些上市公司在资本市场融资总额达到338.84亿元，形成资本市场有影响的“光谷板块”。从1997年人福医药集团股份有限公司上市，成为东湖高新区首家上市公司，东湖高新区高新技术企业因其业绩的高成长性受到资本市场的青睐。“十一五”期间，东湖高新区内12家高新技术企业成功上市。近期，东湖高新区又有武汉华中数控股份有限公司、武汉力源信息技术股份有限公司两家企业在深交所创业板挂牌上市。企业上

市地包括沪深主板市场、中小企业板市场、创业板市场以及中国香港、新加坡和美国纳斯达克市场。

（三）中小企业自主创新发展与金融支持矛盾突出

截至2021年，东湖高新区高新技术企业数量首次突破3100家，主要从事光电子信息、生物工程与新医药、能源与环保、现代装备制造等高新技术产业，绝大部分是中小企业。在民营企业中，收入过亿元的企业只有40多家，有7000多家企业的收入在千万元以下。由于企业规模小，融资难，资金有限，研发投入不足，因此创新能力薄弱，缺乏具有核心竞争力的自主研发产品和自主创新品牌，难以与国际国内大企业竞争，发展举步维艰，融资困难已经成为科技型中小企业的突出难题。

四、高新区自主创新面临的金融约束成因剖析

（一）自主创新型企业自身特点的约束

根据库兹涅茨、杜因等人提出的创新生命周期理论，一个创新产品的生命过程是一个从诞生、成长、衰落到被突破性技术替代的过程。根据自主创新型企业这一特点，在不同生命周期阶段自主创新型企业面临不同的金融约束。

在自主创新产品诞生阶段，产品处于研发阶段，不仅需要大量的资金，同时面临着因实验可行性的不确定性所带来的巨大风险。有资料表明，在自主创新产品初步生产阶段，一项创新技术从实验室走向生产车间其成功率不到10%，同时在此阶段还要承受因技术转化所带来的生产风险与更大规模的资金投入。在自主创新产品成长阶段，企业面临市场竞争所带来的市场风险，不仅需要将资金投入产品本身，还需要在市场营销、企业管理等方面投入大量资金，以提高产品综合竞争力，这一阶段对资金的需求量更大。到了产品成熟

阶段，企业面临的风险仅来源于企业自身的经营管理，此时企业面临的风险虽小，但因规模经济而需要更多的资金。创新型企业在自主创新的各个环节均面临着巨大的资金压力，而东湖高新区内绝大部分企业是处于产品研发阶段的中小企业，其本身就要承担巨大的创新风险。因此，整个高新区都面临着严重的金融约束。

（二）自主创新型企业外部环境的约束

目前，国内融资渠道相对单一，主要是银行贷款，而自主创新型企业具有规模小、发展时间较短、无形资产较多的特点，在面对银行审批贷款时，往往缺乏可以抵押的实物资产，这与金融机构贷款流程需要的未来还贷现金流的稳定性、未来风险的可预测性与可控性不可避免地发生了冲突。一旦企业创业成功，取得丰厚利润，金融贷款机构除了获取贷款本金和利息以外，再无其他激励机制；而企业创业失败，金融贷款机构要承受失败的风险。在这种情况下，金融机构承担了企业自主创新的高风险，却没有分享到企业自主创新的高收益，面对收益和风险的不对等性，金融机构缺乏明确的激励机制，造成金融机构贷款积极性不高，企业面临融资难的困境。

目前，国内对公司上市融资要求比较高，而自主创新型企业大都是新兴小规模企业，距离公司上市的标准差距很大，企业很难通过债券、股票等手段取得自主创新所需资金。企业融资仍然是以金融贷款为主，其他融资方式诸如股票融资、债券融资、基金融资、风险投资、信用担保以及政府主导下的银企合作虽有发展，但作用十分有限。

五、自主创新金融支持的国外比较

（一）日本自主创新的金融支持模式

作为一项扶持中小企业发展的政策，日本从德国引入信用担保金融制度，并于1937年成立东京信用保证协会，该协会的成立标志着日本信用担保制度正式启用。截至1953年，日本在全国范围内建立了53所信用保障协会，出资设立了金融公库，强有力地支撑了全国数以百万计的中小企业融资担保服务，成为世界上信用担保体系最完善的国家。亚洲开发银行担保课题专家伊恩·戴维斯称赞日本的信用担保制度是世界上体系最完善、对中小企业影响最深远的信用担保制度，其中信用保障协会的作用功不可没。

在日本的信用担保体系中，政府导入也是其一大特色。中小企业金融公库便是由日本政府全额出资设立的，它与分布在全国47个都道府县和5个市的共计52家担保协会有机结合，形成完善的信用担保体系。中央政府出资并监管金融公库，地方政府出资并监管地方企业担保协会，两者共同为中小企业提供贷款担保服务。

（二）美国自主创新的金融支持模式

美国是世界上风险投资最发达的国家，目前有4000多家风险投资机构，每年为10000多家高科技企业提供资金支持，仅在硅谷美国的风险投资家就注入了37亿美元的资金。硅谷内的高科技企业成功率可达60%，而一般条件下高科技企业成功率仅为16%；在美国风险投资总额中，硅谷占43%，每年有近1000家风险投资支持的高科技企业在硅谷创业，可以说硅谷成功的模式就在于“园区平台+风险投资”。

风险投资起于英国，兴于美国，是一种向具有发展潜力的新建企业或中小企业技术创新提供资本的投资。从其运作方式来看，风险投资可以将风险家、创新成果和企业管理者有机地结合起来，形成一种利益共享与风险共担的合作模式。与传统的银行贷款规避风险相反，风险投资却偏好高风险项目，以追逐高风险后面所蕴藏的高利益。因此，在考核企业时，风险投资公司更关注企业未来的发展方向和研发团队的创业精神，对于自主创新型企业而言，通过风险投资进行融资无疑是最佳选择。另外，美国通过设立中小企业管理局，专门负责实施对新兴企业提供担保服务和少量直接贷款，政府采购也向中小企业倾斜。

（三）欧盟自主创新金融支持模式

有关资料显示，在2005年对欧盟15个成员国3000多家企业管理者的调查中，近80%成企业是通过银行获得资金支持的，银行贷款是欧洲企业最常用的一种融资模式。欧盟专门设立了政策性银行——欧洲投资银行（EIB），通过利用自身资金和借助资本市场为中小企业提供贷款支持，同时对共同体以外的国家实行援助计划。此外，欧盟还设立了欧洲投资基金（EIF），通过融资担保、股权参与等方式为中小企业提供担保便利。

在欧盟内部各成员国之间，也通过各种形式帮助解决企业融资难问题。英国设立了中小企业服务局，为中小企业提供咨询和信息服务；德国成立了中小企业局隶属经济技术部，专门负责管理中小企业事务，解决中小企业融资难问题；意大利、法国相继成立了“创业板市场”，为中小企业融资拓宽渠道。

六、金融支持东湖高新区自主创新的政策建议

由于金融系统具有筹资融资、资源配置、价格发现、择优筛选、信息处理、代理监控等特点，因此金融对自主创新的支持主要表现在两个方面：一是创造

完善的融资环境和融资渠道，二是为规避和化解创新风险提供金融工具和制度安排。结合发达国家金融市场与金融制度对自主创新能力提升经验，东湖高新区自主创新金融支持政策应该采取以下措施。

（一）金融融资政策

金融融资政策就是摒弃以往靠行政拨款单一的方式对高新技术企业进行补贴，转而通过市场化的融资手段来解决高新技术企业的资金短缺问题。

（1）通过创业板上市的方式来发展融资。目前东湖高新区的上市企业只有20多家，与其他规模成熟的高新区相比，上市公司的数量很少，因此应该积极鼓励高新技术企业上市。建立企业上市协调机制，放宽企业登陆创业板的准入条件。积极与中国证监会、中国证券业协会沟通，效仿中关村，建立专属高新区的中小企业板块，进一步降低企业上市的成本。

（2）支持商业银行在高新区内成立科技支行。鼓励商业银行在高新区内设立特色支行，对中小企业开展科技信用贷款、知识产权质押等特色金融服务，并对放贷银行给予一定的风险补助。由政府和一些科研机构等第三方出面组成项目评估团，对企业项目进行可行性评估，做出信用评级，供金融机构对企业提供贷款额度参考。此外，还可以增加担保补偿，以此来鼓励金融机构向中小企业倾斜，以解决中小企业在自主创新过程中面临的资金短缺问题。

（3）引入风险投资机构，丰富融资渠道。在美国硅谷，新兴中小企业在经过创业初期之后，想获得更大的发展一般都是通过风险投资公司进行融资，但是在国内，尤其是在高新区内，风险投资尚处于起步阶段，现有的风险投资机构和组织基本上都是由政府出资或政府直接资助的，这些风险投资公司的投资理念更接近于银行，对技术的市场前景和团队的创业能力等考虑甚少。因此，在今后很长的一段时间内，东湖高新区需要引进一批具有丰富投资经验的高层次金融人才，大力发展一批投资理念完善的风险投资公司，以丰富高新区内中小企业自主创新的融资渠道。

（二）风险规避政策

金融支持东湖高新区自主创新可采取以下风险规避政策。

（1）在高等院校、科研院所、国有高新技术企业中，开展职务科技成果股权和分红权激励试点，对做出突出贡献的科技人员和经营管理人员实施期权、技术入股、股权奖励、分红权等多种形式的激励。首先对这个创业团队及赖以创业的技术成果，按其未来的价值进行量化，折合为若干创业股；然后对团队里的每个成员也要确定其占股份额，并且要留出一定比例的额度给未来加入公司的核心研发人员。这便意味着创业者一开始就明确了自己的智力投入在未来将以股权形式获得回报，从而激励他们不断进行自主创新。

（2）建立完善的信用担保体系。在东湖高新区内聚集了大量高等院校和科研机构的研究人员，可以利用这一专业人才优势成立第三方企业评级考核机构。一方面为银行贷款提供参考，另一方面为企业信用担保评级提供依据，以减少甚至消除企业自主创新过程中因信息不对称所造成的融资困难和障碍。由政府出面组建高新企业技术协会，为企业提供融资担保服务，同时允许产业相关企业成立行业联盟，对联盟内企业以行会名义提供信用担保，运营资金由各企业按份缴纳。这样与政府技术协会有机结合起来，为企业提供完善的信用担保服务，一旦创新失败，风险分摊，从而降低金融贷款风险。

第二节　产学研合作运行机制对比研究
——基于粤鄂两地产业集群和工业园区

产业集群和工业园区是经济发展的重要载体，可以通过地理集中性产生产业集聚效应，使企业获取外部规模经济。随着社会主义市场经济体制的建立，粤鄂两地的产业集群与工业园区建设取得了巨大成就，在经济发展中所占地位日益提高。因此，对两地产学研合作的研究有必要放在产业集群和工业园区环境下进行运行机制的对比。

一、产业集群与工业园区概述

（一）产业集群

波特（1998）认为，产业集群是一组地理上靠近的相互联系的公司和关联机构，它们同处在一个特定的产业领域，由于具有共性或互补性而联系在一起。作为一种能够创造竞争优势的产业空间组织形式，它具有无可比拟的群体竞争优势和集聚发展的规模效益。

（二）工业园区

联合国环境规划署（UNEP）对工业园区的定义为：在一大片的土地上聚集若干工业企业的区域。它具有以下特征：开发较大的面积，大面积的土地上有若干建筑物、工厂以及各种公共设施和娱乐场所，对常驻公司、土地利用率和建筑类型实行限制，详细的区域规划对园区环境规定了执行标准和限制条件，为履行合同和协议、控制与适应公司进入园区、制定园区长期发展政策与计划等提供必要的管理条件。

（三）产业集群与工业园区的联系与区别

作为两种不同的产业组织形式，产业集群与工业园区存在着重大差别，但也具有相似的内在机理和运行特征。两者的外在特征有较大不同，如形成方式不同、企业间关联程度不同和对本地资源依赖性不同等，但是它们有着共同的生存基础即产业集聚效应。无论是产业集群还是工业园区，不同企业聚集在一定空间区域内都是为了获取外部规模经济，共享的现有基础设施、市场资源以及劳动力、技术等生产要素资源。

在现实生活中，许多已经形成产业集群的企业群所在地往往被规划为“工业园区”，享受一定的政策优惠；而许多工业园区按照集群原理发展，最终形成产业集群，产生更为强大的竞争力和创新能力。因此，两者的概念在一定程度上已经开始融合，但产业集群是一种自发形成的集聚，而工业园区是一种人为促成的集聚。

二、产业集群与工业园区在促进产学研合作中的作用

产学研合作可以促进企业技术水平的提高、人力资本的增值和管理水平的提升，因此产业集群和工业园区内的企业客观存在着对产学研合作的需求。另外，产业集群和工业园区独特的集聚效应对产学研合作的展开起到极大的促进作用，两者的促进作用既有共同点，又有不同点。

（一）共同点

产业集群与工业园区对产学研合作的促进作用有以下共同点。

第一，提供平台。产业集群和工业园区内企业众多，存在着对技术、管理知识和人力资源等方面的需求，进行产学研合作的硬件设施也相对完善，从而为密切产学研之间的联系提供了动力和保证。

第二，提供研究方向。无论是产业集群，还是工业园区，内部企业均面临着复杂多变的市场情况，其参与的产学研合作必将紧紧围绕市场展开，从而提供具有巨大市场价值的研究方向。

第三，具有“加速效应”。企业集聚是产业集群和工业园区的一个重要特征，其直接后果是伴随而来的资本、人才、中介机构的聚集，这些直接决定产学研合作是否顺利进行的因素的聚集将有助于合作的加速进行。

第四，有助于“知识溢出”。产业集群和工业园区内企业之间的交流频繁且吸收新知识能力强，人力资源素质相对较高，中介服务比较完善，所有这些决定了产学研合作的成果容易扩散和溢出，从而产生更大的社会和经济效益。

（二）不同点

在促进产学研合作方面，产业集群具有其独有的优势。首先，由于集群内企业对本地资源的依赖更为强烈，其产学研合作的成果更能拉动本地经济的发展；其次，集群企业比较贴近市场，可以使产学研合作更好地满足市场需求；最后，由于产业集群强大的“学习效应”和较为频繁交流过程的存在，可以加速产学研合作成果的应用并扩大其应用范围。

工业园区同样也是进行产学研合作的一个良好平台。第一，工业园区基本上由政府主导创立，其选址经常接近现有研究机构或高等院校，便于展开产学研合作；第二，园区内的优惠政策可以极大地降低产学研合作的成本，并可以鼓励和引导产学研合作的进行；第三，工业园区内的“企业孵化”机制有助于实现创新型的产学研合作。

三、两地基于产业集群和工业园区的产学研合作运行机制比较

（一）广东

1. 基于产业集群——专业镇的产学研合作运行机制

（1）广东产业集群发展现状。

广东省的产业集群多位于城市边缘地区或者乡镇，形成了具有浓厚地方特色的专业镇经济。专业镇经济就是建立在一种或两三种产品的专业化生产优势基础上的乡镇经济。它是在市场经济环境下通过竞争使各地区生产和资源逐步向本地最具经济优势的产品和生产环节强化和集中而形成的。

截至 2020 年年底，广东省已形成二十大产业集群，目前的产值达到 16.5 万亿元。专业镇企业面临的一个重大难题是自身“造血”能力不足：首先，研发能力低下，特别是核心、关键技术掌握在国外产业巨头手中；其次，人力资源培养机制不健全，中高级人才缺乏；最后，管理水平低下。解决这些问题的一个重要途径就是展开产学研合作，特别是在企业自身实力有限的情况下。

（2）产学研合作模式的选择。

专业镇内企业以个体、私营的中小企业为主，一方面有一定实力在产学研合作中拥有相当的发言权，另一方面其实力尚不足以决定产学研合作的全过程。因此，专业镇环境下的产学研合作大多是采取产学研联合型合作模式，即在高等院校、科研机构和企业各自拥有原来体制的条件下，利用各自的要素占有优势，分工协作共同实现一项创新的行为。

专业镇内部企业是在市场机制驱动下自发产生壮大的，具有较强的自主

性。在专业镇环境下，产学研合作是以企业为主导而展开运行的，虽然政府在鼓励和引导产学研合作方面发挥了积极的作用，但是这种引导是基于企业意愿而发挥作用的。高等院校可以通过合作获得自身紧缺的科研经费、实习基地和就业信息，科研机构也可以在合作中得到科研经费和人才方面的保证，因此两者均有足够动力主动参与到产学研合作的过程中。

各级政府对专业镇经济环境下的产学研合作也进行了积极的引导，专门出台了各种措施以提高其各方面的积极性，如《广东省专业镇技术创新试点实施方案》就提出支持试点专业镇内企业与高等院校和科研机构建立长期稳定的合作关系，采取各种灵活多样的方式，促进企业的技术创新。同时，鼓励充分借用高等院校的优势，通过与企业合作提升管理水平和人力资源素质。到 2003 年，这批专业镇共与 80 多家大学、科研院所建立了合作关系，其中 50 多个专业镇实现了产学研合作。

2. 基于工业园区的产学研合作运行机制

（1）广东工业园区的发展现状。

整体来看，专业镇经济基本上是传统产业的聚集，而各地政府部门规划的工业园区既有传统产业，又有高新技术产业。这些工业园区在广东经济发展过程中发挥了极为重要的作用，不仅是传统产业持续增长的重要平台，更是高新技术产业赖以起步和壮大的载体。

工业园区内企业以民营和外资企业为主。以广东 6 个国家级高新区为例，外资企业和合资企业从业人员占全部的 70.5%，而占企业总数的民营企业从业人员比例为 29.5%。值得注意的是，广东工业园区的科技创新能力有待提高，上述 6 个国家级高新区共有产品 3035 种，80% 的产品不含专利。大多数外资企业在中国投资的主要目的是实现生产的全球配置，降低生产成本，因此我国科技创新能力的提高，必须依靠本土企业研发能力的提高。对于广东工业园区而言，提高科技创新能力需要以民营企业为主体开展产学研合作。

（2）产学研合作模式的选择。

工业园区内的民营企业有寻求技术创新、人力资本增值和管理水平提升的动力，但是受实力限制，除部分企业创新能力较强外，大多数尚未成为自主创新的骨干力量。因此，广东工业园区环境下产学研合作既有企业主导型合作模式，又有产学研联合型合作模式。其中，大型骨干企业具有较强实力，自己组织与联合高等院校和科研院所进行技术开发、人才培养和管理水平提升；大多数的中小企业则与高等院校和科研机构分工协作，进行各方面的创新。

工业园区是根据政府的经济发展规划建立起来的，有相对完善的配套设施和优惠的政策支持。许多工业园区就布局在高等院校和科研院所附近，而且广东各级政府注重通过制定一系列优惠政策以吸引境内外著名高等院校和科研机构在园区内设立研究中心、分校或教学基地。此外，进入门槛限制使园内企业实力相对较强，这些得天独厚的优势使企业在保持产学研合作中的主导地位的同时，可以更加方便地与高等院校和科研机构展开合作。与专业镇经济环境下一样，产学研三者均可以在合作中各得其需。

政府在这方面也做了不少工作，特别是2006年以后，广东省、教育部和科技部联合成立了省部产学研结合协调领导小组，制定了高等院校与广东产业界开展多种形式产学研合作的相关优惠政策，甚至吸引了众多广东以外的高等院校和科研院所参与本地产学研合作，共同承担各类科技攻关计划、联合建立各类产学研科技创新平台、共建科技成果转化基地和合作培养创新型人才。

（二）湖北

1. 基于产业集群——特色板块的产学研合作运行机制

（1）湖北产业集群的发展现状。

湖北省产业集群近年来发展较快，并逐步朝着资源向优势企业聚集、企业向特定区域聚集以及构建特色产业的方向发展，形成了独有的特色板块经济，如仙桃的无纺布生产基地、大冶的保健酒生产基地、通城的涂附磨具和云母生产基地等具有全国性影响的特色板块。总体属于比较典型的资源依赖型集群模式。从分布的行业来看，主要分布在汽车及零部件、纺织服装、食品加工、冶金、机电、电子信息、化工、建材、医药等行业。武汉市汽车产业集群效应已经开始发挥作用，在全国汽车业中已经具有一定的竞争优势，成为湖北省的优势产业之一。

这些产业集群与广东地区相比存在着一些不足之处：第一，规模太小。产业集群的规模过小，不利于形成规模效应和集聚作用的发挥。第二，创新能力较弱。湖北大多数产业集群尚未发育成熟，产品档次不高，科技含量低，自主精品名牌不多。第三，产业链不完善。其内部企业缺乏上下衔接，联系与协作机制有待改善，分工程度有限，集群发展仍处于初始阶段。

（2）产学研合作模式的选择

湖北产业集群整体上处于起步阶段，内部企业自身实力有待继续提高，而且大部分产业面临着国内同类型产业的激烈竞争。产业集群内部企业虽然对技术创新、人才培养和管理知识有着强烈的需求，对产学研的合作也乐观其成，但是因为没有足够的实力参与其中。因而，除个别实力较强的企业外，大部分企业基本上不可能主动或无力参与到产学研合作过程中。

在湖北当前的产业集群环境下，产学研合作更加离不开政府的大力支持。合作模式属于政府推动型合作模式，即政府组织的一种旨在解决产业集群中企业所面临的重大问题和共性问题的大规模的联合行动。在此种模式下，产学研合作的运行的特点：第一，政府起主导作用，负责搭建平台，并提供初始经费；第二，产学研合作的实施必须基于企业现实需求，符合市场规律实现企业的技术创新、管理提升和人才成长；第三，高等院校和科研院校的积极性应得到充分调动。

湖北省各级政府已经出台了各项措施来鼓励产业集群环境下产学研合作的开展。首先，组织重点产业集群参加全省“中小企业—大专院校（科研院所）产学研合作项目洽谈会”，加强与大专院校和科研院所联系，开展技术协作和共同开发新产品，鼓励科研成果向重点产业集群转让；其次，积极引导和推动在产业集群内建立技术支持中心、生产力促进中心、产品研发中心和人才培训中心（基地），为产学研合作展开提供具体平台；最后，对全省重点成长型产业集群，省经委每年从省中小企业发展资金、技改贴息资金中列出部分资金给予扶持，重点支持各种产学研合作平台的健康快速运行。

2. 基于工业园区的产学研合作运行机制

（1）湖北工业园区发展现状。

湖北是我国的科技大省，具有高新产业发展的良好知识和人才储备。全省拥有各类科研机构 985 家，普通高等院校 85 所，从事科技活动的人员总数位居全国第四，每年专利申请量超过万件。此外，湖北特别是武汉地区的工业基础较好，具有制造业和加工业的发展的良好条件。汽车、钢铁、机械、医药、纺织和食品等行业在全国具有一定的影响力。各级政府基于上述优势，根据本地实际规划建立了一批工业园区，吸引和培育了大批企业，其中不乏知名企业，如烽火科技、长飞、东风标致等。

湖北工业园区经过多年的建设，已经形成了国有大中型企业、外资合资企业和民营企业共同发展的格局，在高新技术产业和传统加工制造业方面取得了巨大成绩。概括起来，其发展现状具有以下三个特点：第一，高等院校和科研院所的自办企业发展迅速，这多得益于自身技术优势，但不免受制于体制因素；第二，随着老工业基地的升级改造，规划工业园区吸引和鼓励民营企业兼并国有集体亏困企业，发展制造加工业；第三，随着孵化制度的引入，出现了以科技创业园为代表的新型工业园区，如武汉的光谷创业街、留学生创业园等，并由此产生了许多小型高科技民营企业。

（2）产学研合作模式的选择。

同广东一样，湖北工业园区内的外资企业和合资企业缺乏参与产学研合作的动力，国有企业（含高等院校、科研院所自办企业）与民营企业是展开产学研合作的依靠力量。

湖北工业园区环境下产学研合作的运行沿着两种模式同时展开，即高等院校（科研院所）主导型合作模式和产学研联合型合作模式并存。一方面，高等院校或者科研院所通过自己创办企业，将自己成熟的专业知识直接运用于生产领域；在这个过程中实现提高科研水平和教学水平的目的，而作为股东，高等院校可以分得红利，并投入科研教学活动中。另一方面，广大民营企业通过中介机构与高等院校和科研院所建立联系，在技术创新、人力资源开发和管理培训等方面开展产学研的合作。

为了推进工业园区环境下产学研合作的开展，湖北省各级政府根据产学研合作模式的特点，采取了一系列针对措施：第一，继续鼓励高等院校和科研院所创办企业，并引导其推进现代企业制度建设，加速科技成果的转化；第二，引导成立产学研技术联盟，增强合作的协调性和主动性，如新一代红光高清光盘（NVD）技术及产业化联盟就是由分别来自产学研的6家单位发起成立的；第三，成立了中小企业共性技术研发推广中心，推动针对民营企业的产学研合作。

3. 粤鄂产业集群与工业园区环境下产学研合作模式比较

广东地区无论是产业集群还是工业园区环境下，企业均在产学研合作中处于主导地位。政府虽然采取了一系列的措施，促进产学研合作的实现，但所起的仅仅是引导和鼓励的作用。高等院校和科研院所在合作过程中，满足自身需要，具有相当大的动力参与到产学研合作过程中，甚至许多省外高等院校和科研院所也纷纷与广东企业展开合作。

与之相对应的是，在湖北产学研合作过程中，政府或者高等院校、科研院所处于主导地位，企业的地位在逐步提升，但不足以改变现有局面。这种局面的产生取决于湖北产业集群和工业园区的现实环境，在产业集群方面，由于企业实力有限，无力承担产学研合作的成本，不可能占据主导地位；在工业园区方面，由于湖北高等院校和科研院所自办企业的特色，以及民营企业实力有限和许多民营企业创业人员与高等院校、科研院所存在密切联系，使得高等院校和科研院所在产学研合作中占据重要位置。

总之，粤鄂产业集群与工业园区环境下产学研合作模式（见表 7–1）的形成是由各自社会经济发展的现实决定的。广东是我国改革开放的前沿，市场机制的作用得到了充分的发挥，企业实力和自主性相对较强，决定了企业在产学研合作中的主导地位；而湖北是计划经济时代国家建设的重点，改革开放进程相对缓慢，市场机制尚未完全支配社会经济的发展，企业实力和自主性有待继续提高，但不可否认的是现有产学研合作模式应该也必须基于企业的自身需求。

表 7–1　粤鄂产业集群与工业园区环境下产学研合作模式比较

环境省份	产业集群	工业园区
广东	产学研联合型合作模式	企业主导型合作模式 产学研联合型合作模式
湖北	政府推动型合作模式	高等院校（科研院所）主导型合作模式 产学研联合型合作模式

四、对湖北的借鉴

湖北产业集群和工业园区环境下产学研合作的运行机制的形成是由本地现

实条件决定的，政府和高等院校、科研院所在产学研合作中占据主导地位有其合理性一面的存在。在市场经济条件下，企业是而且必须是市场的主体，因此一切市场活动的展开必须围绕着企业的展开。借鉴广东省产业集群和工业园区环境下产学研合作的经验，湖北需要从以下几个方面进行借鉴。

第一，充分发挥政府的引导作用。由于湖北民营企业实力普遍不强，因此政府“扶上马，送一程”很有必要，但是产学研合作的展开必须调动企业积极性，从企业需要出发，切忌“拉郎配”。需要注意的是，政府主导型的产学研合作模式是与一定的时间阶段相联系的，当企业实力增强到一定程度时，必须适时向企业主导型或者产学研联合型模式转变。

第二，产学研合作必须与国有企业体制改革结合起来。在改革中不断扩大企业自主权，建立现代企业制度，使此类企业成为真正的市场主体，以提高产学研合作的成效。经营企业无论是对政府，还是对高等院校和科研院所来说都不是强项，信息不对称和内部人控制问题时时困扰着国有企业，并有可能使产学研合作偏离市场方向，造成不必要的浪费和损失。

第三，产学研合作必须与大力发展民营经济结合起来。广东的经验表明，发达的民营经济有助于企业成为产学研合作的主体，并能承担相当部分的合作成本，提高产学研合作的效率。因此，产学研合作不能脱离民营经济的发展，两者必须结合起来共同促进、共同提高。

第三节　专利资产证券化运行机理及专利技术产业化转型路径

一、引言

知识经济时代，以专利为代表的无形资产占企业总资产的比例已急剧攀升并已占据绝对主导地位。国家知识产权局发布的最新数据显示，截至 2020 年年底，国内（不含港澳台）有效发明专利拥有量达到 221.3 万件，每万人发明专利拥有量由 2013 年年底的 4.02 件增长 2020 年年底的 16.4 件，专利申请和授权结构得到不断优化、质量得到有效提升，表明我国技术创新水平和能力得到不断提升。我国专利技术转化率明显低于发达国家同等水平，专利技术利用不充分，价值得不到充分体现，造成技术资产巨大浪费。如何有效利用这一数量庞大的无形资产，开发其所隐藏的内在交易价值，为企业发展提供更多的流动性支持，直接关系我国创新驱动战略发展的成败。

二、文献综述

目前国内外关于以专利资产证券化为代表的知识产权证券化研究成果颇为丰富，主要集中在知识产权证券化模式选择、知识产权证券化基础资产选择和资产池构建、知识产权证券化价值评估、知识产权证券化信息披露制度建设、知识产权证券化风险隔离机制建设、知识产权证券化经济效应分析等方面。

（1）关于知识产权证券化概念界定。董涛（2009）认为，知识产权证券化是基于知识产权的未来收益为担保，通过结构化设计、信用评级和信用增级而发行可流通凭证、达到融资目的的过程。

（2）关于知识产权证券化模式选择。李秋（2012）通过借鉴国外知识产权证券化实践经验，认为在政府主导下以专利技术为基础资产的信托型知识产权证券化是比较适合我国国情的发展模式。

（3）关于知识产权证券化基础资产选择和资产池构建。黄光辉、徐筱箐（2011）认为，基础资产的选择和资产池的构建应以风险控制为中心，基于大数法则和资产分散，有效控制专利资产证券化的群组化风险。靳晓东（2012）创造性地使用多层次模糊综合评价法，提出建立指标评价体系对备选专利进行评价。TahirM.Nisa 认为，那些具有很高知名度和良好商业前景的商标是知识产权证券化理想基础资产的选择。

（4）关于知识产权证券化价值评估。施若（2012）基于跳扩散模型这一全新视角，在综合考虑违约风险和市场风险的基础上构建知识产权证券化定价模型。靳晓东、谭运佳（2013）基于专利资产证券化资产池的构建，运用三叉树评估模式并求解，实现对专利资产组合价值的准确评估。

（5）关于知识产权证券化风险隔离机制建设。焦方太（2014）认为应通过 SPV 实现方式和“真实销售”判定标准两个方面实现知识产权证券化风险隔离机制建设。

（6）关于知识产权证券化信息披露制度建设。杜静然、姚王信（2013）基于投资者权益保护视角，提出在会计准则强调信息披露的基础上，鼓励证券化参与主体自愿性信息披露，结合监管和法律制度建设，保护投资者合法权益。

（7）关于知识产权证券化经济效应分析。Denise Bedell 认为，专利资产证券化能够挖掘出专利技术内含的尚未被发现的宝贵财富，为企业发展提供足够的现金流支持等。

尽管学者对于以专利资产证券化为代表的知识产权证券化研究视角各异，但对于专利资产证券化推动企业研发能力提升、知识经济发展以及产业结构优化升级重要作用等方面均给予肯定，并已得到广泛认可。现有研究成果总体上还是局限在从制度上对专利资产证券化进行顶层设计，缺乏实务性研究，如对于专利资产证券化产品年限设计、专利资产证券化推动技术产业化路径分析均鲜有提及，对于专利资产证券化的运行机理均缺乏深入剖析。基于此本文将从微观视角，对专利资产证券化的运行机理及其效应、推动专利技术产业化路径进行深入剖析，并提出推动我国专利资产证券化相关对策建议。

三、研究意义

（一）有助于加快推进我国专利技术产业化进程

专利技术产业化，必须借助于专利技术所有权和使用权的有效分离，实现专利技术所有权和使用权在不同经济主体间转移，同时获取专利技术内在经济利益；实现专利技术产业化，还必须依托强大资金支持，以推动专利技术再研发，形成完善的技术研发产业链，推进专利技术不断更新和完善，直至发展成为新产业。专利资产证券化重要性就在于其能够有效拓宽科技型中小企业融资渠道，形成完善的企业研发资金链，构成专利技术产业化的关键环节。专利技术证券化本质在于知识资本和金融资本有机结合，并通过结构性融资安排将企业未来现金流有效转变为现在的现金流，从而有效地缓解企业由于高研发成本而导致的资金困境。同时，由于技术研发具有高风险特性，专利资产证券化借助于真实销售和风险隔离机制，能够将专利技术风险向投资者转移和分散，降低科技型中小企业经营风险。一方面科技新中小企业作为技术创新和研发中坚力量，对于我国科技创新水平提升发挥关键性作用；另一方面由于科技型中小企业在发展初期，缺乏必要直接或间接融资渠道，政策性金融机构扶持比例和扶持金额有限，难以有效匹配科技型中小企业融资需求，因此通过实施专利资产证券化拓宽新融资渠道将有助于加快推进专利技术产业化进程。

（二）有助于推动我国金融产品不断创新和资本市场结构不断完善

专利资产证券化作为知识资本与金融资本融合的产物，将金融领域的证券化成功运用到以专利为代表的无形资产上，以金融产品创新拓宽科技型企业融资渠道，构成对现有资本市场结构进一步补充和完善。目前，专利资产证券化主要以信托型债券化产品呈现，信托与银行、保险、证券、基金一同构成完善的现代金融体系，信托型专利资产证券化的出现，正是对现有资本市场结构的补充和完善。美国金融市场之所以发达，就在于其通过金融创新，已经建立起由银行、证券、保险、基金、信托组成的完善金融体系，并构建起多层次资本市场，审计机构、评级机构以及服务机构等市场中介得到充分孕育。目前，我国现有资本市场主要由传统金融产品和传统金融机构组成，金融产品单一，券商、信托、评级机构以及服务机构等中介机构发展还很不完善，借助于专利资产证券化进程推进，能够有效带动相关中介机构进一步规范化发展，提升资本市场运行效率，推动我国金融产品不断创新与资本市场结构不断完善，提升我国专利技术转化率和产业化率。

（三）有助于推动传统制造业转型升级、产业结构优化及创新驱动战略实施

随着以“工业 4.0”代表的智能化制造时代到来，传统制造业势必会掀起新一轮“洗牌”，严重依赖低人力成本和高要素投入的我国传统制造业面临着转型升级的巨大压力。技术创新作为创新驱动战略的核心环节，直接关系我国创新驱动战略实施和制造业转型升级的成败。专利资产证券化，能够有效实现专利技术带来内在收益的交易价值；同时，借助于专利资产证券化风险隔离

机制，有效分散科技型中小企业技术研发风险，形成企业技术创新内在激励机制，提高企业技术创新积极性，构成我国创新驱动战略的重要一环。制造业转型升级和产业结构优化不能完全依赖对现有产业改造和升级，必须以增量创新带动存量结构调整。创新驱动制造业转型升级，技术创新是内核，技术产业化是途径，技术创新和技术产业化都严重依赖资金支持，专利资产证券化正是借助于金融创新和技术创新的融合，为技术创新和技术产业化提供资金支持。

四、专利资产证券化运行机理剖析

专利资产证券化概念界定。专利资产证券化是指专利资产原始权益所有人以专利许可（包括现在和将来专利许可）预期可产生稳定现金流作为担保，由特设目的机构通过产品结构化设计对专利资产中风险和收益要素进行分离与重组，面向投资者发售可供交易和流通的证券化产品以获得融资的方式。

（一）专利资产证券化基本原理

专利资产证券化作为一种结构性融资安排，在发起人（所有权人）、特设目的机构（SPV）、信用评级机构和信用增级机构的共同作用下，通过资产组合、风险隔离机制建设和信用增级等环节实现专利资产内在交易价值以达到融资目的。①资产组合。专利资产证券化的基础资产必须按照特定标准进行严格选择，具体表现为产权清晰、权利范围和保护期限明确、易于估价、法律效力明确的专利技术，基于多样化和规模化构建专利资产池。②风险隔离。通过将基础资产"真实出售"给具有独立法律主体地位的特设目的机构（SPV），实现基础资产潜在风险的有效转移，从而实现发起人与特设目的机构的风险隔离；另外，通过在特设目的机构设立独立董事、限定特设目的机构业务经营范围的方式防止特设目的机构的自愿性破产和非自愿性破产，并通过保证基础资产的独立性将拟证券化基础资产与特设目的机构自身财产隔离开来。③信用增级。特设目的机构借助于内、外部信用增级手段，提升基础资产和拟证券化产品信用等级。信用增级的目的在于降低投资者购买专利资产证券化产品所面临的市场风险，提升证券化产品对投资者的吸引力。

（二）专利资产证券化交易结构分析

专利资产证券化必须以精细的结构化设计为前提，根据 SPV 设立模式的区别，可将专利资产证券化划分为两种类型，信托型专利资产证券化和专项资产管理计划型专利资产证券化。

1. 信托型专利资产证券化

信托型专利资产证券化通过借助信托财产独立性实现基础资产真实销售和破产隔离的目的，满足特设目的机构独立法律主体和“空壳公司”的相关要求。原始权益人通过信托协议，将专利许可收费权转让给信托机构（包括已经签订和在将来一定年限内签订的专利许可合同），由信托机构基于未来一定年限的专利许可收费权，经过信托机构的内部信用评级，并采取相关的信用增级技术，提升基础资产的信用等级，再经过信托机构的结构化设计，设计出以专利技术为基础资产的证券化产品，将其委托给券商等承销机构发行，将其出售给投资者（主要是机构投资者）并获得专利资产证券化的发行收入，承销商在扣除相关费用后将发行收入转让给信托机构，再由信托机构扣除一定比例的业务提成和费用后转交给发起人，发起人获得一定数额专利许可收费权转让收入，达到融资的目的。专利技术被许可方必须按照专利合同的约定将专利许可使用费交给相关的服务机构（通常是资产管理公司），再由服务机构将其转交给托管机构（通常是银行），由银行按照约定期限（三个月、半年或者一年）还本付息，投资者获得本息达到投资的目的，如果基于专利使用许可合同的未来现金流超过专利资产证券化融资成本，其超额收益将返还给信托机构，信托机构达到获取超额利润的目的，其积极性得到极大的提升。发起人、特设机构（SPV）和投资者均通过专利资产证券化获得一定的经济效益，专利资产证券化目的得到有效实现，其作用得到凸显，专利资产证券化顺利推进。专利资产债券化是目前国外信托型专利资产证券化的主要实现形式，证券化产品年限一般设计为1~5年，这与科技型中小企业的平均生存周期相吻合，票面利率介于企业债券和银行贷款利率之间，可大幅降低科技型中小企业融资成本，有效分散其融资风险，并为投资者带来新的投资渠道以及稳定的投资收益。信托型专利资产证券化交易机构，如图7–1所示。

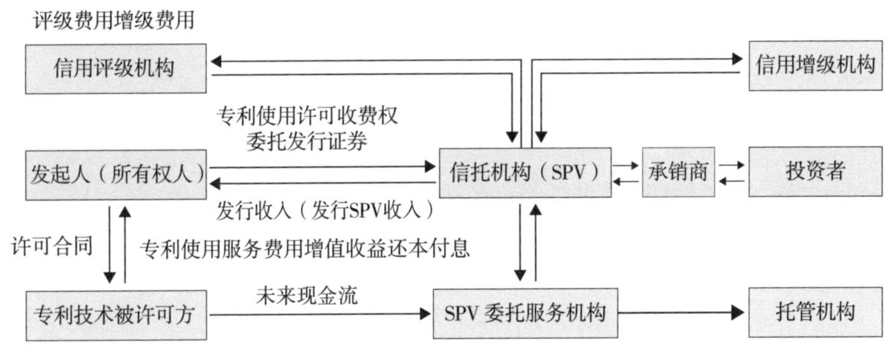

图7–1 信托型专利资产证券化交易结构

2. 专项资产管理计划

在我国专项资产管理计划并不满足独立法律主体的相关要求，其本身无法承担起特设目的机构的职能，必须由证券公司代专项资产管理计划向发起人（原始权益人）购买基础资产，委托托管机构进行资产管理。这样，专项资产管理计划实际上就退化为依托于证券公司的下属机构，其自身的独立性大打折扣，仅仅达到“准真实销售”层次，很难实现真正的破产隔离。其流程主要包括：发起人（原始权益人）将未来一定期限专利使用许可收费权转让给证券公司，由证券公司对拟证券化基础资产进行必要的内、外部信用评级和信用增级，并通过精细化的结构设计，面向投资者发行证券化产品（主要依托交易所的大宗交易系统），发起人实现融资目的；专利技术被许可方按照签订的专利技术使用许可合同，向托管机构缴纳专利技术使用许可费，再由托管机构（在国内一般指中国证券登记结算公司）向投资者按照约定期限支付证券收益，投资者达到获取投资收益目的，如果专利资产存在超额现金流，将作为超额收益返还给专项资产管理计划。专项资产管理计划型专利资产证券化交易机构，如图 7–2 所示。

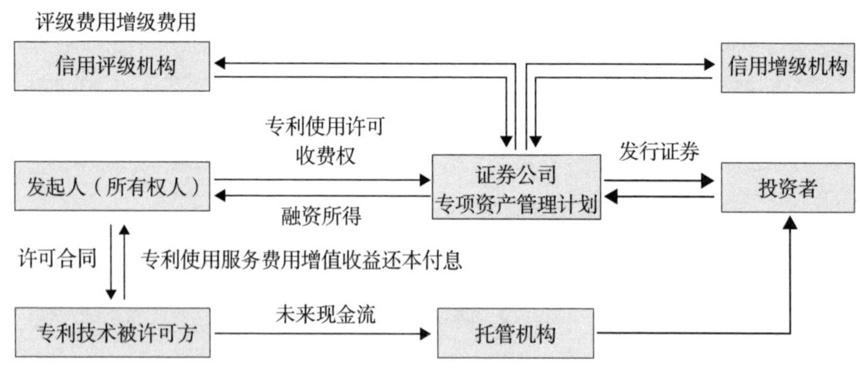

图7–2　专项资产管理计划型专利资产证券化交易结构

目前，国内信托型证券化产品主要以债券形式在银行间债券市场（A 市场）发行，专项资产管理计划型证券化产品一般依托证券交易所（B 市场）大宗交易系统来实现证券化产品发行，二者主要特点如表 7–2 所示。

表 7–2　信托型特设目的机构（SPV）与专项资产管理计划的比较分析

类型	信托型特设目的机构（SPV）	专项资产管理计划
发行市场	银行间债券市场	证券交易所

续表

类型	信托型特设目的机构（SPV）	专项资产管理计划
主管机构	银行间交易商协会	中国证监会
发行方式	公开或非公开定向发行	多公开发行
发行条件	发行人在交易商协会注册	获得中国证监会批准
发行人	非金融企业	证券公司等金融企业
投资者	个人与机构投资者	合格投资者
独立性	独立法律主体	非独立法律主体
主要优势	SPV形式灵活性更强	证券化产品流动性更强

五、专利资产证券化推动专利技术产业化转型路径剖析

（一）专利技术产业化解剖

专利技术产业化是指专利原始权益人通过对专利技术的自我实施或者转移实施（通常是第三方专利许可）实现专利技术产品化、市场化和规模化的过程。本文按照专利技术产业化发展理论，将其划分为三个阶段：专利技术研发阶段、专利技术产品化阶段、专利技术产业化阶段。①专利技术研发阶段。在这一阶段，企业技术研发内部资金供应链尚未有效形成，融资需求巨大，技术研发市场价值尚未体现且面临较大市场风险，导致其很难从外部获得有效的资本支持。②专利技术产品化阶段。在这一阶段，专利技术研发成果初步形成，企业依据专利技术研发成果并结合市场需求制造相关产品，专利技术的市场价值和经济效益得到初步体现，已具备实现市场化和规模化的潜力与可能性，有较大的融资需求，主要来源于实现产品生产的资金投入。③专利技术产业化阶段。在这一阶段，专利技术研发成果走向成熟并获得市场认可，基于专利技术

研发成果的产品市场需求已经形成，专利技术市场价值得到充分体现，并为企业带来巨额经济效益。企业可以通过专利技术许可或者自身进行大规模生产以实现专利技术产业化，有较大的融资需求，主要来源于企业实现大规模生产和专利技术后续再研发需要。专利技术产业化流程，如表 7–3 所示。

表 7–3 专利技术产业化流程

项目	第一阶段	第二阶段	第三阶段
专利技术状态	未取得专利	取得并初步应用专利	许可专利
企业融资需求	最大	很大	比较大
专利市场价值	尚未体现	逐步体现	完全体现
专利经济效益	无	比较小	很大

（二）我国专利技术产业化发展现状

近年来，我国专利技术密集型产业增加值显著提升，2009—2013 年年均增长率达到 11%，有效发明专利实施率稳步提高，专利技术产业化率逐步提升。截至 2013 年年底已经达到 33.8%，我国专利技术产业化政策已经取得初步成效，但与我国所拥有的庞大专利技术基数和快速增长的专利技术申请量和授权量相比，我国专利技术产业化率还远未达到应有水平，专利技术产业化率明显偏低，远低于发达国家同期近 77% 的水平。专利技术产业化对于我国产业结构优化的作用尚未得到充分发挥，制约以增量调整带动存量调整进而推动产业结构优化升级战略顺利推进。其重要原因之一就是缺乏足够资金供给以推动专利技术再研发以及专利技术规模化、市场化。因此，政府应积极拓宽高新技术企业融资渠道，增加市场资金供给，提高高新技术研发的积极性和专利技术产业转化率，推动我国创新驱动战略顺利实施和产业结构优化升级。

（三）专利资产证券化推动专利技术产业化路径剖析

结合专利技术产业发展三阶段划分，专利资产证券化主要从以下四个方面推动专利技术产业化。

（1）降低融资成本。企业通过专利许可收费权转移，获得一定数额资产转让收入，借助于专利技术这种无形资产实现融资目的。由于专利技术原始权益人在通过专利技术真实销售获得资金融通后，与被证券化基础资产实现风险隔离，原始权益人无须承担风险偿还和资金返还义务，极大地降低企业融资成本。此外，与银行贷款对贷款资金用途严格规定不同，企业在获得转让收入后拥有自主支配权，根据企业发展需要进行处理并进行通报即可，将专利技术未来现金流有效转换为现在现金流，为企业进行专利技术后续研发提供资金支持。

（2）有效分散风险，提高企业专利技术再研发和完善的积极性。高新技术产业化离不开风险投资者的有力支撑，高新技术自身存在着研发成本高、投资回报期长和技术替代性等不确定性因素，高新技术企业在实现专利技术产业化进程中承担着较大风险，但高新技术创新成果具有高风险和高收益双重特征，符合风险投资者追求高收益相关需求。专利资产证券化通过风险分散和重组，将专利技术产业化进程中相关风险有效地转移给投资者，企业在分散研发风险并获得融资收入的同时仍然保留该专利技术所有权，可通过对该专利技术进行后续开发和完善，实现专利技术持续性创新。

（3）弱化信息不对称，提高专利技术资产流动性。由于信息不对称导致专利技术自身高交易成本和低流动性，而专利技术本身又具有高度资产专用性，使得专利技术自身交易价值无法得到有效体现，进一步加大企业技术研发风险，降低企业技术研发积极性。专利资产证券化正是针对流动性差的无形资产所设计出的融资方式，基于专利技术结构化设计，构建具有相当规模资产池，并通过充分信息披露和透明化交易，弱化信息不对称，提升证券化产品吸引力，将专利技术与市场需求紧密结合，发挥技术融资作用，促进技术流动转移和产业化进程。

（4）拓宽融资渠道，完善资本市场结构。专利资产证券化是一种基于专利技术结构性融资，是科技创新与技术金融逐渐融合产物，高新技术与资本市场结合将进一步夯实产业经济发展基础。专利资产证券化为高新技术企业拓宽新融资渠道，进一步丰富金融产品，推动金融创新，构建多层次资本市场，完善资本市场结构。专利资产证券化，为专利技术再研发和持续性创新提供充足资金支持，从而构成专利技术产业化资金流动循环机制。在专利技术产业化第三阶段专利许可的基础上，推动专利资产证券化，利用专利资产证券化所获得融资为第一阶段专利技术研发和完善提供资金支持，并推动专利技术产品化和专利技术产业化，使新产品和新工艺不断涌现。

六、对策建议

当前，以专利技术为代表的无形资产已经初具规模，为专利资产证券化提供必要专利技术供给；同时，金融市场体系不断完善，“互联网 + 金融”趋势日益凸显，金融产品创新不断涌现，专利资产证券化外部环境得到不断优化，我国已经具备推行专利资产证券化的相关条件。虽然在信用体系、法律制度、专业人才培养方面尚存在欠缺，有待完善，但专利资产证券化基础已经得到夯实。此外，科技型中小企业发展迫切需要专利资产证券化推动，市场有推动专利资产证券化的迫切需求。政府应积极推动专利资产证券化平台搭建、构建专利技术交易公示机制、完善相关法律法规、积极培育市场中介机构，有效推动我国专利资产证券化进程。

（1）搭建政府主导型专利资产证券化平台。鉴于目前我国市场经济体系不完善和专利资产证券化高度复杂性，政府应在我国专利资产证券化进程中扮演重要角色，仿效日本和中国台湾地区建立政府主导型专利资产证券化模式，由政府相关部门组建特设目的机构（SPV），高新技术企业可将专利技术未来许可收费权转让给政府设立的特设目的机构，由政府根据专利技术特性和市场发展实际，构建专利资产证券化资产池并进行证券化产品设计，借助政府信用达到信用增级效果，提升证券化产品市场吸引力。

（2）积极推动专利技术公示机制构建和完善。推动专利资产证券化，必须借助于现代信息技术，建立一元化的专利技术公示机制，弱化专利技术等无形资产存在的信息不对称现象。专利技术公示机制，是指通过将专利技术交易、转让、授权等相关信息进行登记和披露，供相关投资者查询和决策，以防范未来可能产生的相关风险。目前我国推行的是专利技术登记制度，专利技术的转让和许可必须到主管部门进行登记，投资者缺乏获取相关信息渠道，不利于信息不对称现象弱化，加大了专利资产证券化相关风险。

（3）完善与专利资产证券化相关法律法规。目前，《中华人民共和国信托法》中对于信托财产必须是实物财产的硬性规定、《中华人民共和国公司法》中关于法律主体地位的认定等法律条文已经落后于市场经济的发展需求，需要做出一定的修改，以顺利推进专利资产证券化进程，推动金融市场的不断完善。

（4）积极培育市场中介机构，服务于专利资产证券化发展需求。专利资产证券化具有高度复杂性特征，没有完善配套机构作为支撑，专利资产证券化进程很难有效推进。当前我国市场中介机构得到初步发展，但还很不完善，审计机构、信用评级机构、价值评估机构、担保机构和服务机构发展还处于初级阶段，不能服务于专利资产证券化进程顺利推进。因此，政府应积极扶持相关机构的规范化发展，推动中介机构由量增到质增的转变。

第八章

我国供应链的现状、结构及发展前景分析

第一节　引言

2020 年新冠疫情对于全球贸易关系与供应链结构造成了显著冲击，通过增强供应链的韧性，以确保企业稳定，维护国家安全成为政府的优先事项。鉴于此，本章分析我国供应链的现状与结构，根据近几年我国地缘政治经济变化提出供应链面临的挑战，并就其发展前景进行分析，最后对“双循环”新发展格局存在的战略意义与理论价值进行细致的研究。结论包括：①我国国内供应链体系在长度、宽度及效率方面取得了突出成绩，但需警惕国内市场上的“去制造业化”现象以及国际市场上的“高端失守”问题；②供应链稳定性方面，我国需要面临日本、德国和韩国同质化竞争者、印度与东南亚中低端追随者的挑战，同时向美国等高端供应链主导者发起冲击；③与其他经济体相比，我国将继续保持多项优势，并通过“双循环”发展格局，分散化和区域化发展，消化和排解供应链稳定性存在的诸多困难。

第二节 我国主要供应链的现状与结构

大国发展，规划先行。“十四五”规划纲要多次提及我国供应链体系变化，生产性服务业比重上升，制造业市场呈现多极化格局并快速结构性分化。这些新现象放大了我国供应链在现代化、多元化方面的优势与劣势，主导思路与治理体系亟须调整，改革成为大势所趋。

一、国内市场上，供应链明显改善，但需警惕“去制造业化”现象产生

国内市场上，我国相应企业的生产和出口结构得到明显改善，但需警惕“去制造业化”现象产生。从供应链长度来看，我国已拥有 41 个工业大类、207 个工业中类、666 个工业小类，是世界上唯一拥有全部联合国所列工业门类的国家，供应链完整①。从企业的研发、设计到中间品生产、组装再到销售网络，产业间分工充分。一般而言，一国供应链越完整，外生因素冲击带来的影响就越小，因而在疫情得到控制后，我国供应链体系的优势促使经济恢复迅速，产能强势上涨。关于我国供应链宽度，集中体现在链条上的企业众多、生产规模庞大两个方面。2022 年 3 月我国沪深两市上市公司数目达 4666 家②，

① 本文图表数据来自国家统计局统计年鉴、Wind 数据库、TiVA 数据库、联合国贸发会议数据库、OECD 数据库，部分数据为笔者计算整理。

② 摘自中国证券监督管理委员会 2022 年 3 月《证券市场快报》。

位居全球第三，2020 年我国企业法人单位数目达 2506 万家，各行业均显著上升。以现价美元测算，我国制造业增加值常年占据全球份额 28% 以上，是驱动世界工业增长的重要引擎。繁荣的背后需警惕“去制造业”现象的产生。如图 8-1 所示，2009—2019 年我国制造业法人比重由 24.5% 下降到 13.7%，相应比例被批发业、租赁和商务服务业、计算机服务和软件业等生产性服务业以及农林牧渔业、建筑业等行业挤占，存在一定“去制造业化”的现象[①]。

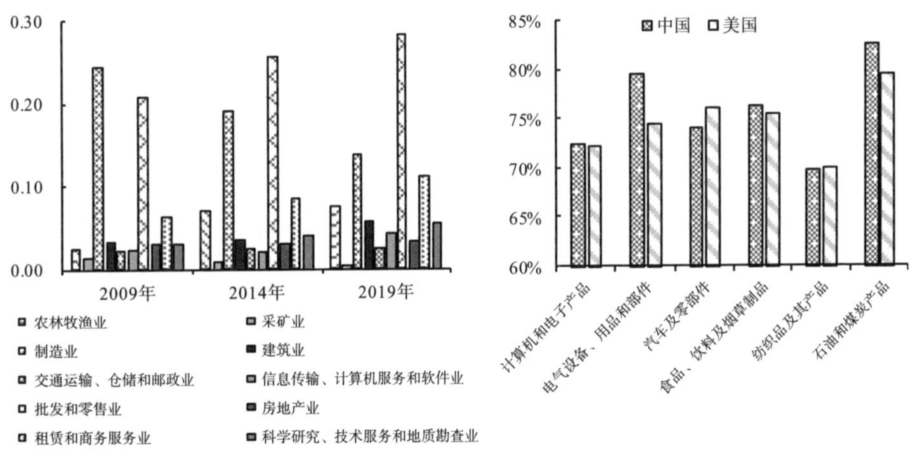

图8-1 制造业法人比重与生产性服务业比重比较

图8-2 我国产业产能利用率情况

从供应链效率角度来看，我国数字化转型取得积极成效，形成消费“互联网 + 物流”的融合体系，具有以我为主、独立自控的特性，2020 年我国 ICT 产品（信息和通信技术产品）出口占产品出口总额的比重达 27.09%，ICT 服务出口

① 借鉴何强和刘涛（2017）的定义，生产性服务业的行业范围应当包括以下 6 个细分行业：交通运输、仓储和邮政业，信息传输、软件和信息技术服务业，批发业，金融业，租赁和商务服务业以及科学研究和技术服务业。

占服务出口总额的比重约为 12%，位于世界前列[①]。同时，以“产业互联网 + 智能制造”为代表的各产业融合态势使产能利用率不断提升。如图 8–2 所示，以 2019 年数据为例，我国的耐用品产能利用率较高，电气设备、计算机和电子产业产能利用率分别高于美国 5% 和 1%，汽车及零配件方面则低于美国 2%；非耐用品方面，我国石油及煤炭产品产能利用率高于美国 3%，食品饮料以及传统纺织品等行业产能利用率与美国基本平齐[②]。

二、国际市场上，摆脱“高端失守”困境，向关键领域本土化发展

国际市场上，全球供应链发展的方向或是区域内整合与关键领域的本土化，我国供应链的发展也不例外。对目前我国的供应链而言，实现全产业链的完全本土化成本过大，没有可行性。RCEP 协议的签署，也表明我国正在积极推进实施的是区域内部的供应链垂直整合，即积极发展东盟邻国、日韩等国家的供应链互补与协调。实际上，我国自东盟的货物进出口份额已经从 2001 年的 8.17% 跃升至 2019 年的 14.02%，超过美国和欧盟，随着我国高技术制造业发展，与东盟各国以比较优势为核心的供应链垂直合作有望进一步深化。

进出口市场领域，我国货物与服务对外贸易依存度并不高，2019 年约为 18.7%，世界平均约为 30.15%，货物贸易依存度为 12.6%，世界平均为 16.61%[③]。

---

① 数据来源：世界银行，世界 ICT 货物和服务占货物与服务总出口的比重分别为 11. 44% 与 10. 53%。

② 由于中国国民经济行业分类与北美产业分类体系（NAICS）存在差异，部分产业采用模糊匹配。

③ 数据摘自世界银行 WDI 数据库，采用（进口额 + 出口额）/2 与 GDP 的比值计算，其中世界与我国进口依存度分别为 29. 8%、17. 3%；出口依存度为 30. 5%、18. 5%，货物贸易依存度采用总外贸依存度减去服务贸易占 GDP 比值所得。

具体到细分行业，有必要对制造业中间投入品情况进行测度[①]。如表 8-1 所示，中间产品依存度较高的行业主要分为两类：第一类行业需要大量进口原材料与能源矿产，如焦炭和精炼石油行业、化学原料、贱金属制造业等，目前我国正积极调整此类产业，分散产品进口来源。在经济稳定发展时期，这类产业虽存在安全隐患，但相对安全。同时，对外依存度较高的第二类制造业如机动车及拖挂车制造业、计算机与光学及电子产品、化学原料和化学制品、机械设备及其他运输设备等，这类产业相关企业面临的风险较大，因其中间产品的进口主要来自欧美等发达经济体，渠道较为单一，难以做到供应链体系的分散化，尤其是近几年欧美等发达经济体通过国家安全等一系列手段收紧制造业原材料和关键零部件的出口，因而形势较为严峻。

表 8-1　我国制造业部分细分行业中间投入对外依存度情况

行业	对外依存度（%）	行业	对外依存度（%）
机动车、拖挂车及半拖挂车	49. 05	制造业（总体）	16. 71
焦炭和精炼石油	35. 03	机械设备	15. 46
其他运输设备	33. 41	贱金属制造	15. 38
计算机、光学及电子产品	21. 44	木材及木材制品	12. 10
纸制品及印刷品	19. 75	电子设备	11. 75
食品、饮料及烟草	18. 20	纺织、服装及相关产品	9. 12
化学原料和化学制品	17. 59	非金属矿物制品	5. 19

① 各制造业行业中间投入对外依存度采用最终消费国为其他国家，增加值来源国为中国的中间投入占全部的中间投入比重衡量，采用 2015 年数据衡量。

不可否认的是，我国部分产业存在着“低端混战、高端失守”的困境[①]，以出口增加值中国内增加值的比例来衡量一国供应链的附加值程度，该值越大，表明出口产品的国内增加值越大，贸易利益越高。可喜的是，我国出口增加值中的国内增加值比例不断增加，2015 年达到 82.68%，但仍小于美国（90.52%）、日本（86.77%）等发达经济体，略高于德国（79.01%）[②]，可见我国相较日美等发达经济体仍存在一定以数量博市场的现象。单独考虑制造业供应链，我国的高端供应链上存在的劣势较为突出。反映在细分产品上，高精度芯片、光刻机等集成电路产业，燃气轮机热部件及航空发动机、计算机及电子信息产业中的操作系统与工业软件、生物医药等领域，我国与日美等发达经济体还存在较大差距，即高技术制造业与生产性服务业为主导的现代产业部门的高质量发展受到较大制约。在高技术制造业中，发达经济体往往维持着绝对的技术垄断地位，可以通过技术封锁，垄断供应链中的上游高利润环节。与之相对，我国国内市场相关产品性能及产品可靠性与发达经济体存在较大差距，限制了我国制造业及相关产业向高端转型与发展，华为的半导体芯片断供事件就是强有力的例证。

① 借鉴何强和刘涛（2017）的定义，生产性服务业的行业范围应当包括以下 6 个细分行业：交通运输、仓储和邮政业，信息传输、软件和信息技术服务业，批发业，金融业，租赁和商务服务业以及科学研究和技术服务业。

② 数据来源：TiVA 数据库，增加值数据更新至 2015 年。

第三节　我国供应链稳定性面临的挑战

大国博弈背景下，我国供应链的稳定性需要经受来自世界各地的挑战，成本因素、地缘政治和经济因素成为主要因素：美国推动振兴计划，加速再制造业，以期巩固自己在供应链上的垄断地位；东南亚等发展中国家跃跃欲试，借助自己的劳动力低成本与税收优势吸引传统制造业的转移；日本、德国和韩国纷纷落地惠企政策，培育了一批具有竞争力的企业在供应链重叠部分展开同质化竞争[①]。我国所处供应链基本情况及应对策略，如图 8-3 所示。

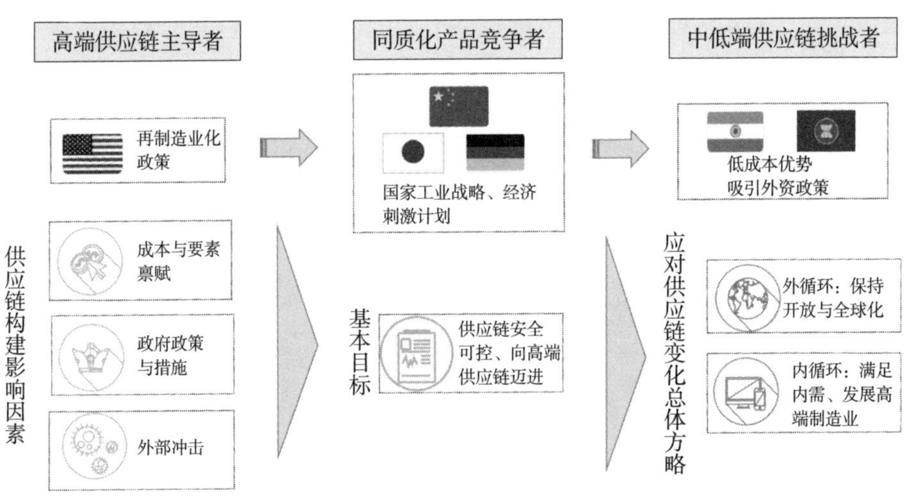

图8-3　我国所处供应链基本情况及应对策略

① 数据来源：世界银行，世界 ICT 货物和服务占货物与服务总出口的比重分别为 11.44% 与 10.53%。

一、美国的“再工业化”政策

最近几年，我国面临的地缘政治经济威胁主要体现在中美贸易冲突，以及发达经济体的再工业化政策。再工业化政策是美国抢占下一轮经济增长点，维持其制造业强国的一项长期举措。众所周知，只有掌握先进的科学技术，才能占据供应链体系的上游位置，掌握发展的主动权。

美国政府曾先后出台了《美国复兴与再投资法案》《重振美国制造业框架》《美国制造业促进法案》等纲领性文件，以及“美国救济计划”，均提到了制造业的发展与回流，旨在为“再工业化”战略提供指导①。资本密集型产业、技术密集型产业不仅是美国，也是我国参与全球竞争的关键环节。在这些产业中，美国等西方国家通过技术创新、商业模式创新等手段，对传统的生产模式进行颠覆创新，从而改变了产业竞争规则，打乱了我国传统的赶超性发展路径。同时，美国通过各种贸易措施设置贸易壁垒，限制与转移进口，降低国外企业的竞争力，以期达到“制造业回流”与“再工业化”的目的，这成为我国必须直面的挑战之一。

二、东南亚劳动力低成本竞争

劳动力成本、土地成本等因素是很多产业进行海外供应链布局的首要动因，中国社会科学院经济学部发布的《2016 年中国经济前景分析》曾指出，我国的低成本优势逐步丧失，我国的很多地区尤其是东部地区，工资水平已经远超东南亚国家。国际劳工组织统计数据显示，除新加坡和文莱外，我国工人的

① 由于中国国民经济行业分类与北美产业分类体系（NAICS）存在差异，部分产业采用模糊匹配。

人均名义月收入普遍高于东南亚国家。以 2019 年为例，我国人均月收入约为 1135 美元，高于缅甸（138 美元）、菲律宾（284 美元）、越南（289 美元）、泰国（490 美元）和马来西亚（841 美元）。除去人工成本与物流成本，土地成本、资金成本、能源成本等也是东南亚各国相对我国的优势。这些影响将使中低端产品的国际竞争格局明显改变。中美贸易摩擦提高了我国与美国的关税水平，造成了高对等关税壁垒，打开贸易壁垒，获得市场准入就成为产业布局东南亚的另一层战略考虑，这对于一些外向型产业的影响将更加突出。

从长远来看，我国制造业的优势应当体现在完整的工业门类、强大的综合能力和技术创新上，而非低劳动力成本，一些低端产业向东南亚等国家转移是历史发展的必然，注意转移过程中的合理和有序，是今后一段时间我国面临的主要挑战。

三、日本、德国与韩国的同质化竞争

目前我国处于工业化中后期阶段，在次高端以及相当部分中高端制造业领域的产业结构与日本、德国、韩国相近，无论从研发投入、生产结构还是产品销售，均与日本、德国、韩国形成了总体、全面的同质化竞争。

从制造业产值来看，2018 年我国与日本、德国、韩国的制造业产值分别为 3.87 万亿、1.03 万亿、0.8 万亿、0.46 万亿美元，分别居世界第一、第三、第四、第五位[①]。与此同时，我国与日本、德国在譬如机械制造、光学及医学产品生产领域展开竞争，与韩国在其支柱产业如钢铁、半导体及数码产品等制造业领域存在竞争关系。如图 8–4 和图 8–5 所示，我国与日本、德国、韩国的

① 数据来源：世界银行 WDI 数据库，由于缺失 2019 年美国与日本的制造业增加值统计数据，因而以 2018 年作为分析期，以现价美元计。

产业交叉性越来越强，贸易类型由垂直型逐渐向水平型转变。2020 年进口前 6 位商品中，我国自日本和德国以及对方自我国进口产品中有三类是相同的，且进口第一位均为电气机械设备及零部件；除去机械设备，2019 年韩国自我国进口的前 5 位商品分别是电气机械设备及零部件、钢铁及钢铁制品、无机化合物及稀有金属、光学及医疗配件，与之相对，我国自韩国进口前 5 位产品分别为电气机械设备及零部件、光学及医疗配件、有机化合物、塑料及塑料制品、矿物燃料[①]。由此可以看出，我国与日本、德国、韩国在中高端产业领域的出口产品结构上存在日益激烈的竞争关系。以出口相似度指数进行分析，能够发现我国与日本、德国、韩国在世界市场上的出口产品结构不断重叠，出口相似度指数常年浮动在 60 以上，远高于其他国家[②]。我国与日本、德国的出口相似度表现出相同的趋势，2020 年出口相似度指数分别为 61.83 与 63.05。我国与韩国的出口相似度指数近几年不断升高，已经由 2011 年的 62.3 上升至 2019 年的 68.93，在国际市场上的同质化竞争不断加剧[③]。

未来我国仍将与日本、德国、韩国在数控机床、汽车生产和造船业等传统高端产业以及物联网、大数据和现代物流体系等现代产业领域存在进一步的对抗与合作，这类中高端产业资产占比高，盈利前景广阔，有助于打破传统供应链体系，因而更容易受到政府政策的影响。事实上，日本经济刺激计划中拨款约 22.3 亿美元，协助日本企业回迁，德国政府也提出税费减免和补贴措施鼓励外国投资进入德国，韩国拟拓展与东盟的外贸合作，将贸易额拓展至 2000 亿美元；建立具有全球竞争力的现代物流体系，形成自己的物联网及供应

① 采用 HS92 版，二位码数据，韩国 2020 年进口数据未公布，因而采用 2019 年数据阐述。

② 数据摘自世界银行 WDI 数据库，采用（进口额 + 出口额）/2 与 GDP 的比值计算，其中世界与我国进口依存度分别为 29. 8%、17. 3%; 出口依存度为 30. 5%、18. 5%，货物贸易依存度采用总外贸依存度减去服务贸易占 GDP 比值所得。

③ 出口相似度指数（Export Similarity Index，ESI）反映两国或地区在某一市场上出口产品的相似程度，本文使用出口市场的相似度指数。

链格局也被各国先后提上日程，未来围绕新产品、新业态展开的角逐仍将不断加剧。

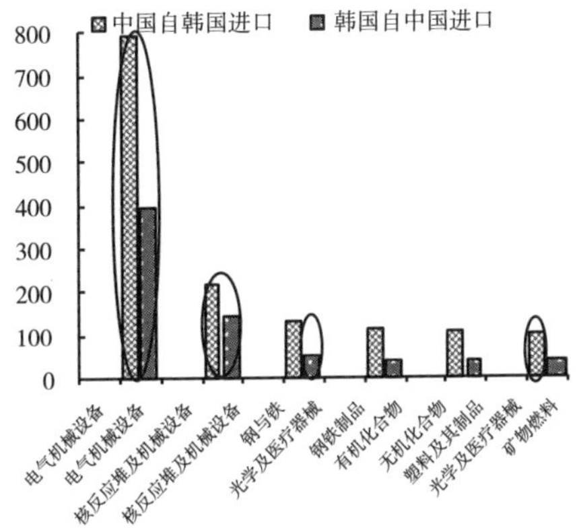

图8-4　中韩双边进口额前6位的商品

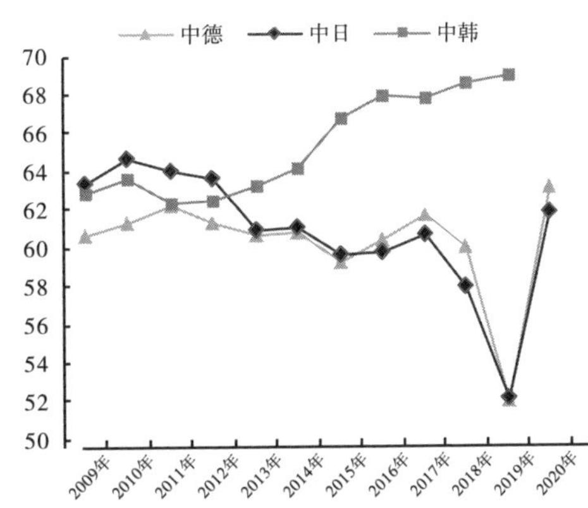

图8-5　我国与日德韩三国出口相似度指数（ESI）比较

综上所述，每个国家都可能重新调整本国供应链上供应商的来源，我国供应链的发展需要处理好高端供应链的主导者（美国）、供应链大国（日本、德国、韩国）以及其他低成本与原材料国家（印度、东盟各国、澳大利亚等）多重力量的关系，逐步向供应链自主可控迈进。

第四节　我国供应链的发展前景分析

一、美国“再工业化”政策的失灵与逆成本特性

就像全球化供应链体系的形成一样，供应链的调整也会是一个长期且复杂的过程，在短期内，生产成本和要素禀赋仍将是制约供应链稳定性的两大因素，因而任何未改变生产成本和要素禀赋的政策所产生的影响都可能微乎其微。从这个角度来讲，美国的再工业化政策片面强调发展国内制造业，寻求打破现有全球供应链体系格局，削弱企业参与国际分工的能力，侵害了企业单位成本最小化的诉求；同时，美国的“再工业化”政策受到多方面因素的影响：金融服务业的过度发展加大了其对外直接投资的净输出，也稀释了国内制造业的投资收益；受教育体制和市场化影响，美国国内高消费模式积重难返，贸易壁垒的高企降低了其本国消费者购买力；全球供应链向着多极化发展，各国争取中高端产业自主化同时积极承接美国中低端产业或者高端产业中的中低端环节，导致美国利用资金与市场规模主导供应链的能力下降。在这多重因素的影响下，美国的“再工业化政策”收效甚微，我国供应链的发展应当充分吸收其经验，从供给和需求侧双向发力，重视全球供应链分工协作的巨大潜力，营造好制造业所需的市场环境。

二、庞大的市场差距、增长的科研投入助力我国后来居上

近年来，日本、德国与韩国的供应链体系，一方面积极追赶美国但发展缓慢，无论是中高端产业规模，还是技术标准，均难以突破；另一方面，已有产业国内需求规模小，对海外依赖程度高，又不得不依附和借助中美市场。这样的境遇使得日本、德国与韩国发展的主动性受限，难以形成反制。与此同时，我国积极利用后发优势，加快基础产业发展，补齐短板，解决与日本、德国、韩国的产业差距。如图 8-6 所示，我国医药制造、仪器仪表制造、计算机及其他电子设备制造等行业获得大量投资，2019 年 5 月至 2020 年 12 月高技术制造业平均固定资产投资增速高于制造业增速 13.34 百分点达 7.26%，2021 年 2 月与 3 月累计同比增速更是达到了 50.3% 与 41.6%，创下了历史新高。与此同时，我国积极进行供应链的国产化，在填补相关国产领域漏洞的同时，不断提升高技术制造业及相关产业投入，未来我国会不断弥补与日本、德国、韩国的供应链差距，在上游高附加值环节占据一席之地。

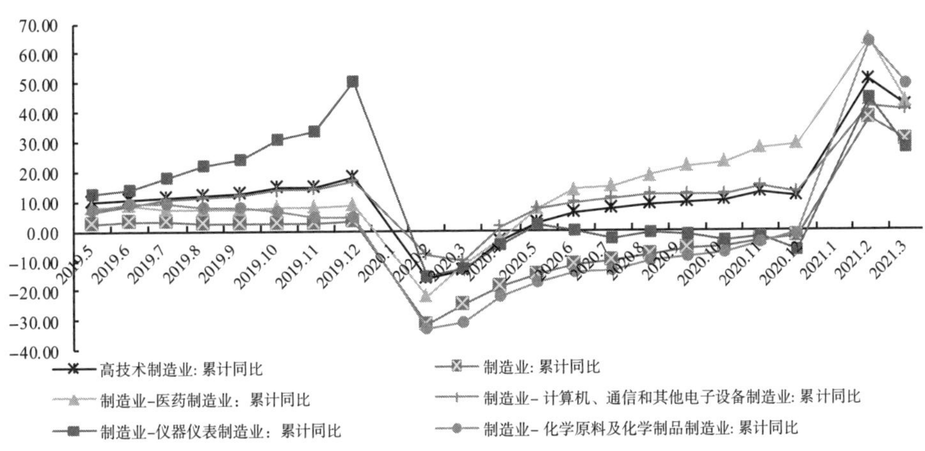

图8-6　我国高技术制造业固定资产投资增速远高于整体制造业增速

与日本、德国、韩国相比，我国在稀缺资源的拥有量上也存在优势，一个典型的例子是稀土矿产的供应，短期内这类资源不存在替代产品，且开采这些矿产面临的技术和环境方面的严格限制，使得我国在可预见的未来占据主导地位；我国在科技研发、教育资源方面的投入占比高，规模大。OECD 数据库数据显示（见图 8-7），我国研发人员的数量占有绝对优势，年均增长率呈现逐年递增趋势，尤其是 2019 年我国研发人员增长率达到 9.59%，科技人员总数达到 480.1 万人，相比之下，日本、德国和韩国的研发人员数量增速基本稳定在 2%~4%，且总规模相对较小。研发经费投入方面，国家统计局数据显示（见图 8-8），我国经费投入与国内生产总值占比从 2016 年的 2.1% 上升到 2019 年的 2.23%，基础研究、应用研究与试验发展方面的经费投入在 2017 年之后均保持 10% 以上的增长，可以预测，未来我国将继续加大基础和应用研究方面的研发投入。

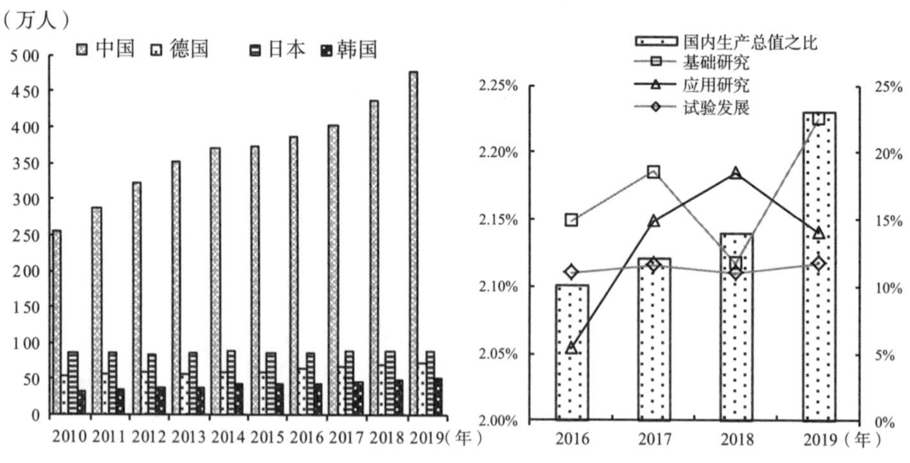

图8-7 我国研发人员规模远超日、德、韩三国

图8-8 我国分类别研发经费保持较高的增长率

第五节　国内国际双循环的重大战略价值与政策建议

目前，我国与供应链体系中各国间的关系仍以竞合为主，想要实现供应链从中低端向高端的跃迁将会是一个横跨多年的进程，离不开国家大政方针的指引，此时提出构建国内国际双循环的新发展格局对于国内供应链的过渡、应对国外冲击的负面影响具有深远的意义。综合而言，“双循环”在供应链层面至少具有以下几个方面的战略考量。

一、基于内需大国，稳定中低端供应链及向中高端逐步升级

“双循环”中的国内循环要求国内完整的供应链体系自主可控，一方面降低地缘政治经济风险，另一方面降低对国外供应商的依赖。要想实现供应链的高端跨越，首先需要稳定我国的中低端供应链，同时力争占据高端制造领域的战略高点。长期以来，传统工业对资源的大量消耗以及废弃物的产生都使经济增长受到质疑，绿色发展开启低碳工业阶段的呼声越来越高[①]，而高端制造业又由于研发周转长、投入比例高、失败风险大等特点使得企业望而却步，这需要发挥顶层设计的指导、规划和引领作用，在提升供应链现代化水平上精准施策，集中物质资本、人力资本，实现次高端领域率先大规模突破，摆脱次高端追随困境。

① 数据来源：TiVA 数据库，增加值数据更新至 2015 年。

二、基于外向型经济战略，保障进出口供应链适度弹性与自主空间

“双循环”中的外循环要求供应链体系的多元化和分散化，尤其是替代性较强的初级产品和工业原材料，充分发挥“一带一路”倡议引领作用，突出相应国家在我国供应链体系中的地位和作用。我国正在逐步减少对澳大利亚自然资源的进口，扩大对巴西、中东等地的资源选购，我国自印度和伊朗的铁矿石进口比例从 2015 年的 1.5% 与 0.2%上涨至 2020 年的 3.4% 和 1.2%。初级产品的部分订单可能会转移至“一带一路”国家，如俄罗斯和哈萨克斯坦，保证区域性供应链协调发展。在国外资金、技术流入相对放缓的情况下，外循环中的多元化、分散化发展带来的供需增加会对冲一部分转移带来的负面影响，这对于扩展我国进出口弹性，提升供应链自主空间具有良好的促进作用①。

三、基于可持续发展理念，深化与东南亚国家垂直合作

“双循环”新发展格局中提高产业数字化能力和水平的要求是我国适应新一轮科技革命和产业变革的保障，也是我国实现可持续发展的要求之一，在发展过程中，发挥差异化优势尤为重要。东南亚国家在世界支持中低收入经济体的“普遍优惠制”的倡议下，产品生产具有得天独厚的低成本优势。为完成可持续发展目标，做好亚洲区域的能源利用循环，强化供应链上下游之间的利益关系，我国海外部分的供应链布局应重点向东南亚地区体系化转移，“完善自由贸易实验区”与“构建互利共赢产业链供应链合作体系”。这有利于在推进我

---

① 摘自穆迪深度报告 Trade-global：COVID-19 will accelerate supply chain shifts in a more fragmented trade system.

国与东南亚国家的开放性合作，提升我国生态环境承载力和绿色发展的同时形成更大的合作自主权。这也有助于塑造国家实力，积极争取从供应链的中下游向上游环节迈进，推动我国与东南亚地区的垂直化分工，优化供应链布局。

一个地区的发展往往取决于领导性力量，“双循环”中涉及的构建现代流通体系是提升供应链现代化、智能化水平的有力措施，也是我国向供应链高端迈进的必由之路，重新审视我国供应链存在的优势与不足，确定我国在世界供应链中所处位置，对于开展接下来的工作，保障我国发展的主动权具有重大而深远的意义。

参考文献

[01] 轻工业特色区域和产业集群发展 [OL]. [2013-03-01]. www. sdpc. gov. cn/zjgx/ t20121218_518865. htm.

[02] 中国缝制机械协会 . 科技创新促进缝制机械行业产业升级 [OL]. [2011-08-15]. www. clii. com. cn/news/content-340241. aspx.

[03] 效益大幅下降造纸行业面临五大转型 [OL]. [2013-03-15]. www. chinapaper. net/news/show-3158. html.

[04] 中国家电是工业发展形势 [OL]. [2013-01-30]. www. cnelc. com/Article/1/ AD100153872_1. html.

[05] 郭永新 . 轻工业发展何以一枝独秀 [OL]. [2013-03-06]. www. cinn. cn/xfp/ 285567. shtml.

[06] 轻工业：技术进步是前提 质量安全作保障 [OL]. [2009-07-02]. http：//www. ce. cn.

[07] 辜胜阻 . 我国民营企业自主创新对策思路 [EB/OL]. [20017-01-29]. http：// www. ce. cn.

[08] 赵中奇，李桃 . 数量形式的经济学与经管科学 [M]. 北京：清华大学出版社，2005.

[09] 高雷阜，杨皎平，赵宏霞 . 基于价格折扣策略的供需协调模型 [J]. 物流科技，2005(2)：31-34.

[10] 韩松，王稳 . 几种技术效率测量方法的比较研究 [J]. 理论与方法，2004(5)：147-151.

[11] 杜传忠 . 企业组织结构的演进逻辑及其效率分析 [J]. 人文杂志，2003(2)：

48–53.

[12] R H 科斯 . 论生产的制度结构 [M]. 盛洪，译 . 上海：生活・读书・新知三联书店，1994.

[13] 亚当・斯密 . 国民财富的性质和原因分析的研究：上卷 [M]. 郭大力，王亚南，译 . 北京：商务印书馆，1974.

[14] 彭绍仲，李海舰，曾繁华 . 全球商品链的内部化优势与价格均衡机制 [J]. 中国工业经济，2005(9)：50–59.

[15] 彭绍仲 . 全球商品链的内在动力机制与外部结构均衡 [J]. 中国工业经济，2006(1)：56–63.

[16] 曾繁华，彭光映 . 跨国公司全球技术垄断性利用及其启示——兼论"技术创新竞争力"新内涵 [J]. 湖北经济学院学报，2007(2)：65–70.

[17] 李文东 . 全球化中的技术垄断 [J]. 世界经济与政治，2004(9)：42–47.

[18] 龚维敬 . 垄断经济学 [M]. 上海：上海人民出版社，2007：229–304.

[19] 马得林 . 从技术垄断到企业的核心竞争力 [J]. 西北大学学报：哲学社会科学版，2007(5)：168–170.

[20] 陈林，朱卫平 . 创新竞争与垄断内生——兼议中国反垄断法的根本性裁判准则 [J]. 中国工业经济，2011(6)：5–15.

[21] 张政 . 技术创新对市场结构的影响研究：基于我国 36 个工业行业大中型企业面板数据 FGLS 分析 [J]. 科技进步与对策，2013(1)：16–22.

[22] 王忠宏 . 哈佛学派芝加哥学派竞争理论比较及其对我国反垄断的启示 [J]. 经济评论，2003(1)：72–74.

[23] 寇宗来，高琼 . 市场结构、市场绩效与企业的创新行为——基于中国工业企业层面的面板数据分析 [J]. 产业经济研究，2013(3)：1–12.

[24] 杨晓玲，邢华彬 . 资本主义垄断的新变化及其发展趋势 [J]. 当代经济研究，2010(6)：8–12.

[25] 任永菊 . 新形势下跨国公司技术转让特点及其启示 [J]. 科技与经济，2012（4）：11–16.

[26] 王江 . 产业技术扩散理论与实证研究 [D]. 吉林：吉林大学，2010：142–145.

[27] 张素芳 . 跨国公司与跨国经营 [M]. 北京：经济管理出版社，2009：177–221.

[28] 骆新华 . 技术转移：理论与政策述评 [J]. 科技进步与对策，2006(3)：176–179.

[29] 黄静波 . 国际技术转移 [M]. 北京：清华大学出版社，2005：67–94.

[30] 鄢显俊 . 信息垄断揭秘：信息技术革命视阈里的当代资本主义新变化 [M]. 北京：中国社会科学出版社，2011：13–73.

[31] 薛求知，罗来军 . 跨国公司技术研发与创新的范式演进——从技术垄断优势范式到技术竞争优势范式 [J]. 研究与发展管理，2006(6)：30–37.

[32] 孙晓华，戴进，王昀 . 技术创新的演化经济学研究述评 [J]. 科学管理研究，2010(2)：15–19.

[33] 刘强 . 跨国公司在华投资对我国产业安全影响机理分析 [J]. 科学学与科学技术管理，2011(12)：86–93.

[34] 陈菲琼，丁宁 . 全球网络下区域技术锁定突破模式研究：OFDI 逆向溢出视角 [J]. 科学学研究，2009，27(11)：1641–1650.

[35] 张莎莎，张建华 . 低碳经济技术锁定突破研究 [J]. 技术经济与管理研究，2011(10)：67–70.

[36] 任静，刘丽军，宋敏 . 跨国公司在我国农业领域的技术锁定策略与对策研究 [J]. 中国软科学，2012(1)：39–46.

[37] 王子龙，许箫迪 . 技术创新路径锁定与解锁 [J]. 科学学与科学技术管理，2012(4)：60–66.

[38] 曾繁华 . 产业技术垄断竞争力研究 [J]. 管理世界，2013(1)：180–181.

[39] 迈克尔·波特，李明轩. 国家竞争优势 [M]. 邱如美，译. 北京：华夏出版社，2002.

[40] 郭宝宏. 跨国垄断资本主义简论 [M]. 北京：经济科学出版社，2004.

[41] 范黎波. 跨国公司技术转移与中国企业学习战略 [M]. 北京：中国财政经济出版社，2004.

[42] 李琮. 当代国际垄断——巨型跨国公司综论 [M]. 上海：上海财经大学出版社，2002.

[43] 陈曦，曾繁华. 国家经济安全的维度、实质及对策研究——基于外资并购视角的案例分析 [M]. 北京：中国经济出版社，2010.

[44] 曾繁华，彭光映. 跨国公司全球技术垄断竞争战略研究 [J]. 武汉科技学院学报，2007(4)：76-81.

[45] 彭光映，曾繁华. 技术创新竞争力的新内涵及其借鉴与启示——基于发达经济体跨国公司全球技术竞争新视角的分析 [J]. 科技进步与对策，2008(2)：27-29.

[46] 刘常勇. 科技创新与竞争力——建构自主创新能力 [M]. 北京：科学出版社，2006.

[47] 迈克尔·波特. 竞争优势 [M]. 陈小悦，译. 北京：华夏出版社，2003.

[48] 曾繁华，王飞. 技术创新驱动战略性新兴产业跃迁机理与对策——基于全球价值链视角 [J]. 科技进步与对策，2014，31(23)：51-55.

[49] 周民良. 区域创新、结构调整与中国地区制造业转型升级 [J]. 学习与实践，2011(8)：31-43.

[50] 郭伟峰，王汉斌，李春鹏. 制造业转型升级的协同机理研究——以泉州制造业转型升级为例 [J]. 科技管理研究，2012(23)：124-128.

[51] 孙泗泉，叶琪. 创新驱动制造业转型的作用机理与战略选择 [J]. 产业与科技论坛，2015，14(2)：14-18.

[52] 史本叶，李泽润 . 基于国际垂直专业化分工的中国制造业产业升级研究 [J]. 商业研究，2014（1）：49–53.

[53] 桑俊，易善策 . 我国传统产业集群升级的创新实现机制 [J]. 科技进步与对策，2008，25（6）：74–77.

[54] 江心英，李兴花 . 贴牌企业演化路径国内外研究综述 [J]. 科技管理研究，2013（17）：104–107.

[55] 蔡瑞林，陈万明，陈圻 . 低成本创新驱动制造业高端化的路径研究 [J]. 科学学研究，2014，32（3）：384–390.

[56] 唐光海 . 互联网思维下制造业产业升级路径与对策研究 [J]. 经济观察，2015（3）：22–23.

[57] 葛秋萍，李梅 . 我国创新驱动型产业升级政策研究 [J]. 科技进步与对策，2013，30（16）：102–106.

[58] 朱启贵 . 以体制机制创新驱动科技创新 [J]. 人民论坛，2011（12）：142–143.

[59] 惠敏 . 打造创新方法链——访创新方法研究会秘书长周元 [N]. 经济日报，2012–04–23.

[60] 孟海华，汤天波 . 智能互联：制造业转型升级之路——2014 年浦江创新论坛先进制造业分论坛综述 [J]. 科学发展，2015（75）：110–112.

[61] 邹小凡，王肖文，李鹏 . 国外专利权证券化案例解析 [J]. 知识产权，2009（1）：91–95.

[62] 郭淑娟，眷东海 . 高新技术产业知识产权证券化融资探析 [J]. 科学学与科学技术管理，2010（4）：61–65.

[63] 陈游. 我国知识产权证券化的发展路径与策略选择 [J]. 金融市场，2012（6）：30–34.

[64] 黄洪波，宋河发，曲婉 . 专业产业化及其评价指标体系与测度方法研究 [J]. 科技进步与对策，2011（15）：110–114.

[65] 郭晓英，刘德舟，张旭．知识产权证券化促进科技成果产业化效应探析[J]. 知识管理，2014(4)：101-103.

[66] 谭祖卫，郝江培，赵昌文．基于科技金融的技术资产金融分析 [J]. 科技进步与对策，2014(9)：11-14.

[67] 邵永同，林刚．科技型中小企业知识产权融资路径选择及其对策研究[J]. 现代管理科学，2014(11)：15-17.

[68] 任丽明，李存金，张旭．军工企业知识产权证券化交易结构研究 [J]. 科技进步与对策，2014(14)：103-107.

[69] 王育宝，陈萌．战略性新兴产业培育发展的国际经验及借鉴 [J]. 情报杂志，2012，31(9)：73-80.

[70] 舒珍．我国战略性新兴产业发展及风险投资机制研究 [D]. 天津：天津师范大学，2012.

[71] 顾海峰．战略性新兴产业发展的金融支持体系及其政策设计 [J]. 现代财经，2011(9)：76-83.

[72] 剧锦文．战略性新兴产业的发展"变量"：政府与市场分工 [J]. 改革，2011(3)：31+37.

[73] 李锵．山东省战略新兴产业发展问题研究 [D]. 济南：山东师范大学，2012.

[74] 陈成．建立健全促进贵州省战略性新兴产业发展政策保障措施的思考[J]. 理论与当代，2011(10)：5-9.

[75] 孙远远．河南省战略性新兴产业发展路径研究 [D]. 郑州：郑州大学，2012.

[76] 丁刚，黄杰．区域战略性新兴产业的产业链图谱表达方式研究 [J]. 中国石油大学学报：社会科学版，2012(3)：24-27.

[77] 陈昭锋，林璇．价值链转型：我国战略性新兴产业发展的战略创新 [J]. 南通大学学报：社会科学版，2011(2)：124-130.

[78] 黄海霞．全球战略性新兴产业攻略 [N]. 瞭望，2010-03-05.

[79] 东北财经大学产业组织与企业组织研究中心课题组．中国战略性新兴产业发展战略研究 [J]. 经济研究参考，2011（7）：47–60.

[80] 刘志彪．科技银行功能构建：商业银行支持战略性新兴产业发展的关键问题研究 [J]. 南京社会科学，2011（4）：1–7.

[81] 欧阳峣，生延超．战略性新兴产业研究述评 [J]. 湖南社会科学，2010（5）：111–115.

[82] 胡海峰，胡吉亚．美日德战略性新兴产业融资机制比较分析及对中国的启示 [J]. 经济理论与经济管理，2011（8）：62–74.

[83] 刘灿辉，曾繁华，周华．FDI 技术溢出与挤出效应——基于 EDA 与湖北省面板数据的实证分析 [J]. 经济与管理研究，2012（4）：64–70.

[84] 牛立超．战略性新兴产业发展与演化研究 [D]. 北京：首都经济贸易大学，2011.

[85] 姜江．世界战略性新兴产业发展的动态与趋势 [J]. 中国科技产业，2011（5）：54–59.

[86] 熊彼特．经济周期循环论 [M]. 叶华，译．北京：长安出版社，2009.

[87] 张秀生．中国区域产业结构演进与优化 [M]. 武汉：武汉大学出版社，2005.

[88] 欧阳峣．我国转型期发展战略性新兴产业的思考 [J]. 湖南商学院学报，2010（4）:5–8.

[89] 王春艳．战略性新兴产业发展的国际比较及对我国的启示 [C]. 2010 年度京津冀区域协作论坛论文集，2010–12–06.

[90] 曾宪植．京津冀区域在我国战略新兴产业发展中的地位与作用 [C]. 2010 年度京津冀区域协作论坛论文集，2010–12–06.

[91] 郑春东，张露露．区域战略性新兴产业的识别与评价 [C]. 2010 年度京津冀区域协作论坛论文集，2010–12–06.

[92] 张良桥，贺正楚，吴艳．基于灰色关联分析的战略性新兴产业评价——以

生物医药为例 [J]. 经济数学，2010，27（3）：79–84.

［93］王利政 . 我国战略性新兴产业发展模式分析 [J]. 中国科技论坛，2011（1）：12–15+24.

［94］郭连强 . 国内关于“战略性新兴产业”研究的新动态及评论 [J]. 社会科学辑刊，2011（1）：152–155.

［95］白千文 . 战略性新兴产业研究述析 [J]. 现代经济探讨，2011（11）：37–41.

［96］李战奇 . 金融支持江苏省战略性新兴产业的路径与对策研究 [D]. 镇江：江苏大学，2011.

［97］张峰，杨建君，黄丽宁 . 战略性新兴产业研究现状评述：一个新的研究框架 [J]. 科技管理研究，2012（5）：18–22+29.

［98］熊彼特 . 经济发展理论 [M]. 孔伟艳，朱攀峰，娄季芳，译 . 北京：北京出版社，2008.

［99］哈罗德 . 动态经济学 [M]. 黄范章，译 . 北京：商务印书馆，1981.

［100］希克斯 . 经济史理论 [M]. 厉以平，译 . 北京：商务印书馆，1987.

［101］东湖高新区发展改革委 . 东湖高新区国民经济和社会发展第十二个五年规划纲要 [R]. 2010（9）.

［102］东湖国家自主创新示范区办公室 . 关于建设东湖国家自主创新示范区参考资料汇编 [R]. 2010（2）.

［103］杨艳丽，徐荣贞 . 基于企业自主创新的金融生态链优化研究 [J]. 河南社会科学，2008（7）：21–22.

［104］杨大荣 . 中小企业自主创新的金融支持策略研究 [J]. 浙江金融，2008（5）：30–31.

［105］郑立文 . 中小企业技术创新金融支持体系中外比较研究 [J]. 科学管理研究，2008（5）：98–101.

［106］汪友平 . 金融支持企业自主创新的途径 [J]. 现代金融，2009（2）：35.

[107] 昌平区政府．昌平区实验室经济情况调研 [EB/OL].（2013-10-12）. http://www. sina. net.

[108] 郭津，阙爱民，张晓琪．“实验室经济”的河南机会 [N]. 河南日报，2010-04-30(6).

[109] 吴宇．中国认可实验室数量居世界首位 [EB/OL].（2010-10-28）2013-10-13. http://news. xinhuanet. com/fortune/2010-10/28/c_12712285. htm.

[110] 我国 260 个国家重点实验室分布情况一览 [EB/OL].（2012-03-13）2013-10-13. http://www. instrument. com. cn/news/20120313/075422. shtml.

[111] 国家统计局．中华人民共和国 2012 年国民经济和社会发展统计公报 [M]. 北京：中国统计出版社，2013.

[112] 王婷婷．企业国家重点实验室 5 年建成 96 个 [N]. 科技日报，2011-11-28（01）.

[113] 宗巍．“实验室经济”助力企业从容不迫御“寒流”[N]. 经济参考报，2009-06-02(A06).

[114] 宗巍．“实验室经济”：凸显“1+1>2”的聚合效应 [N]. 中国国门时报，2009-05-11(05).

[115] 田建海，林永波．“实验室经济”提升荣成发展速度和质量 [N]. 中国信息报，2011-08-15(04).

[116] 科技部．国家“十二五”科技发展规划 [R]. 科技法律法规与政策选编（2009—2011), 2009.

[117] 国家统计局，科学技术部，财政部．2012 年全国科技经费投入统计公报 [EB/OL].（2013-09-26）2013-10-14. http://www. stats. gov. cn/tjgb/qttjgb/qgqttjgb/t20130926_402929526. htm.

[118] 陈磊．我国成为科技大国和创新大国 [N]. 科技日报，2013-10-11(05).

[119] 国家统计局．中华人民共和国 2010 年国民经济和社会发展统计公报

[M]. 北京：中国统计出版社，2011.

[120] 田力普. 实施知识产权战略有力支撑了创新型国家建设 [EB/OL].（2013-09-5）2013-10-18. http://www. cipnews. com. cn/showArticle. asp?Articleid=28685.

[121] 王宇，黄盛. 知识产权引领服务业创新 [EB/OL].（2013-10-18）2013-10-19. http: //www. cipnews. com. cn/showArticle. asp?Articleid=29113.

[122] 柯观. 科技创新离不开严格的知识产权保护 [N]. 北京科技报，2012-12-03(03).

[123] HASHMI, AAMIR RAFIQUE, VAN BIESEBROECK, etal. The Relationship between Market Structure and Innovation in Industry Equilibrium: A Case Study of the Global Automobile Industry[EB/OL].2012, http: //dx.doi.org/10.2139/ssrn.1984567.

[124] ASHER TISHLER, IRENA MILSTEIN. R&D Wars and The Effects of innovation on The Success and Survivability of Firms in Oligopoly Markets[J]. International Journal of Industrial Organization, 2009, 27(4): 519-531.

[125] YANQING JIANG. Technology Diffusion, Spatial Effects and Productivity Growth in The Chinese Provinces[J]. International Review of Applied Economics, 2012(5): 643-656.

[126] WILFRED DOLFSMA, LOET LEYDESDORFF. Lock-in and Break-out from Technological Trajectories: Modeling and Policy Implications[J].Technological Forecasting and Social Change , 2009(7): 932-941.

[127] WALTER ELBERFELD, GEORG GOTZ. Market size, Technology choice and market structure[J].German Economic Review, 2002, 3(1): 25-42.

[128] M KANTER. When A Thousand Flowers Bloom: Structural, Collective and Social Conditions for Innovation in Organization [J].Research in organizational

Behavior, 1998(10).

[129] ALLY T.On the Fragmentation of Production in the US [R].University of Colorado–Boulder Working Paper, 2011.

[130] ALLY T.Production Staging: Measurement and Facts[R].Freit Working paper, 2012.

[131] MADOR J, CABRAL S.Vertical Specialization Across the Word : A Relative Measure [J].The North American Journal of Economics and Finance, 2009, 20(3): 267–280.

[132] LESTER TIM, KURZON NEIL.Intellectual property securitization--patently obvious?[J]. Trade Journals, 2002, 4(5): 70–71.

[133] KYLE TONDO–KRAMER.Increasing Access to Start–up Financing Through Intellectual Property Securitization [J]. Journal of Information & Law, 2010, 27(4): 613–646.

[134] TAHIR M NISAR.Intellectual Property Securitization and Growth Capital in Retail Franchising[J]. Journal of Retailing, 2011, 87(3): 393–405.

[135] BYEONGWOO KANG, KAZUYUKI MOTOHASHI. Essential Intellectual Property Rights and Inventors' Involvement in Standardization[J].Research Policy , 2015, 44(11): 483–492.

[136] XIAOHUA LI, TIE LV.The Research on Characteristics of the Strategic Emerging Industries and Oriented Policy[J].Macroeconomic Research, 2010(9): 21–22.

[137] BLANK S C.Insiders' Views on Business Models Used by Small Agricultural Biotechnology Firms: Economic implications for the emerging global industry[J]. Agbioforum, 2008, 11(2): 71–81.

[138] CARLOTZ PEREZ.The Double Bubble at the Turn of the Century:

Technological Roots and Structural Implications [J].Carnbridge Journal of Economics, 2009, 33(4): 779–805.

[139] R VERNON. International Investment and International Trade in the Product Cycle[J]. Quarterly Journal of Economics, 1966 : 190–207.

[140] S HYMER. International operations of National firms: A Study of Direct Foreign Investment[R]. Doctoral Dissetation, Massachusetts Institute of technology, 1960.

[141] PORTER M.Conditions of the information of high–tech in–dustries clusters[A]. The Third International Conferenceon Management of Innovation and Technology, 2002 : 127–131.

[142] TRAJTENBERG M.Product innovations, price indices and the measurement of economic performance[R].Nber Working Paper, 1990 : 3261.

[143] VAN DE VEN, AGARUD R.A Framework for Understanding the Emergence of New Industries[J]. Research on Technological In–novation Management and Policy, 1989(4): 195–225.

[144] LOW M, ABRAHAMSON E.Movements, Bandwagons and Clones: Industry Evolution and the Entrepreneurial Process[J].Journal of Business Venturing, 1997(12): 435–457

[145] CASAMATTA, CATHERINE.Finacing and Advising: Optmial Financial Contraets with Venture Capitalists[J].Journal of Finanee, 2003, 58(5): 2059–2086.

[146] GEREFFI G.International trade and industrial upgrading in the apparel commodity chain[J].Journal of International Economics, 1999, 48(1): 37–70.

[147] HARRIS C D.The Market as a Faetor in the Loealisation of Produetion[J]. Annals of the Assoiation of American Geographers, 1954(44): 315–348.

[148] PORTER M E.Clusters and the New Eeonomics of Competition[J].Harvard Business Review, 1998(11): 77–90.

后记

本书是在中国社会科学院工业经济研究所创新工程项目“产业融合与推动经济体系优化升级研究”系列调研报告基础上完成的，并得到中国社会科学院登峰战略优势学科（产业经济学）资助。第三章第一节、第四章第三节及第六章第一节，与刘勇研究员合作撰写，第五章第一节及第七章由中南财经政法大学曾繁华教授撰写，北京交通大学经济管理学院刘似臣副教授也参与了项目调研和报告撰写，在此特表感谢！

本书荣幸获得国家出版基金项目资助，一是得益于项目首席研究员史丹老师、刘勇老师及执行研究员江飞涛老师的项目题目设定、研究提纲和具体目标规划，在此也向项目首席研究员史丹老师、刘勇老师及执行研究员江飞涛老师特表感谢！二是得益于本书编辑周灵均老师的眼光、智慧和经验，在此向周灵均老师特表感谢！三是得益于史丹研究员、刘勇研究员、吕铁研究员、刘戒骄研究员、曹建海研究员鼎力推荐，尤其是史丹研究员还为本书作序，在此也特表感谢！

彭绍仲

2022 年 11 月